超人气网店设计素材展示

大型多媒体教学光盘精彩内容展示

一、丰富实用的教学视频教程

（一）赠送超值实用的视频教程
1. 5小时手把手教您装修出品质店铺的视频教程
2. 15个网店宝贝优化必备技能的视频教程
3. 手把手教你把新品打造成爆款的视频教程
4. 淘宝与天猫开店的重要区别视频教程
5. 200分钟与书同步的手机淘宝视频教程

（二）部分视频内容目录展示

1. 15个网店宝贝优化必备技能视频教程目录
- 技能01：调整倾斜的照片并突出主体
- 技能02：去除多余对象
- 技能03：宝贝图片照片降噪处理
- 技能04：宝贝图片照片清晰度处理
- 技能05：珠宝模特美白处理
- 技能06：衣服模特上妆处理
- 技能07：模特人物身材处理
- 技能08：虚化宝贝的背景
- 技能09：更换宝贝图片的背景
- 技能10：宝贝图片的偏色处理
- 技能11：修复偏暗的宝贝图片
- 技能12：修复过曝的宝贝图片
- 技能13：修复逆光的宝贝图片
- 技能14：添加宣传水印效果
- 技能15：宝贝场景展示合成

2. 手把手教你把新品打造成爆款视频教程目录
- （1）爆款产品内功
  - ◇ 爆款产品之选款
  - ◇ 爆款产品之拍照
  - ◇ 爆款产品之详情
- （2）爆款基本功
  - ◇ 爆款基本功之标题设置
  - ◇ 爆款基本功之产品上架
  - ◇ 爆款基本功之橱窗推荐
  - ◇ 爆款基本功之基础销量
- （3）爆款流量武器
  - ◇ 活动获取流量
  - ◇ 淘宝客获取流量
  - ◇ 直通车获取流量
- （4）爆款转化全店盈利
  - ◇ 关联销售产品
  - ◇ 爆款复购提升及后备爆款培养
- （5）爆款案例分析

3. 淘宝与天猫开店的重要区别视频教程目录
- （1）淘宝、天猫开店申请与入驻区别
- （2）淘宝、天猫店铺装修及运营区别
- （3）淘宝、天猫店铺售后服务及客户权益区别

二、超值实用的电子书

（一）新手开店快速促成交易的10种技能
- 技能01：及时回复买家站内信
- 技能02：通过千牛聊天软件热情地和买家交流
- 技能03：设置自动回复，不让客户久等
- 技能04：使用快捷短语，迅速回复客户
- 技能05：使用移动千牛，随时随地谈生意
- 技能06：保存聊天记录做好跟踪服务
- 技能07：巧用千牛表情拉近与买家的距离
- 技能08：使用电话联系买家及时跟踪交流
- 技能09：与买家交流时应该注意的禁忌
- 技能10：不同类型客户的不同交流技巧

（二）不要让差评毁了你的店铺——应对差评的10种方案

主题一：中差评产生的原因及对店铺的影响
1. 中差评产生的原因
2. 中差评对店铺的影响

主题二：应对差评的10种方案
- 方案一：顾客没有问题——谦卑心态、积极应对
- 方案二：对症下药——根据问题根源来针对处理
- 方案三：拖沓不得——处理中差评要有时效性
- 方案四：适当安抚——对情绪激动的顾客给予适当安抚
- 方案五：客服处理——客服处理中差评的方法流程
- 方案六：主动防御——运营严丝密缝，不留漏洞
- 方案七：留存证据，自我保护——应对恶意中差评
- 方案八：中差评转化推广——通过回评把差评转化为推广机会
- 方案九：产品是商业之本——重视产品品质、描述一致
- 方案十：有诺必践——承诺一定要兑现

主题三：常见中差评问题处理及客服沟通技巧
1. 常见中差评问题处理技巧
2. 中差评处理中，客服常用沟通技巧

（三）你不能不知道的100个卖家经验与赢利技巧

1. 新手卖家开店认知与准备技巧
- 技巧01：网店店主要具备的基本能力
- 技巧02：个人开淘宝店要充当的角色
- 技巧03：为店铺做好市场定位准备
- 技巧04：新手开店产品的选择技巧
- 技巧05：主打宝贝的市场需求调查
- 技巧06：网店进货如何让利润最大化
- 技巧07：新手开店的进货技巧
- 技巧08：新手代销产品注意事项与技巧
- 技巧09：掌握网上开店的流程
- 技巧10：给网店取一个有卖点的名字

2. 网店宝贝图片拍摄与优化相关技巧
- 技巧11：店铺宝贝图片的标准
- 技巧12：注意商品细节的拍摄
- 技巧13：利用自然光的拍摄技巧
- 技巧14：不同商品拍摄时的用光技巧
- 技巧15：新手拍照易犯的用光错误

技巧 16：用手机拍摄商品的技巧
技巧 17：服饰拍摄时的搭配技巧
技巧 18：裤子拍摄时的摆放技巧
技巧 19：宝贝图片美化的技巧与注意事项

3. 网店装修的相关技巧
技巧 20：做好店铺装修的前期准备
技巧 21：新手装修店铺的注意事项
技巧 22：店铺装修的误区
技巧 23：设计一个出色的店招
技巧 24：把握好店铺的风格样式
技巧 25：添加店铺的收藏功能
技巧 26：做好宝贝的分类设计
技巧 27：做好店铺的公告栏设计
技巧 28：设置好广告模板
技巧 29：增加店铺的导航分类
技巧 30：做好宝贝推荐
技巧 31：设置好宝贝排行榜
技巧 32：设置好淘宝客服

4. 宝贝产品的标题优化与定价技巧
技巧 33：宝贝标题的完整结构
技巧 34：宝贝标题命名原则
技巧 35：标题关键词的优化技巧
技巧 36：如何在标题中突出卖点
技巧 37：寻找更多关键词的方法
技巧 38：撰写商品描述的方法
技巧 39：写好宝贝描述提升销售转化率
技巧 40：认清影响"宝贝"排名的因素
技巧 41：商品发布的技巧
技巧 42：巧妙安排宝贝的发布时间
技巧 43：商品定价必须考虑的要素
技巧 44：商品定价的基本方法
技巧 45：商品高价定位与低价定位法则
技巧 46：抓住消费心理原则巧用数字定价

5. 网店营销推广的基本技巧
技巧 47：加入免费试用
技巧 48：参加淘金币营销
技巧 49：加入天天特价
技巧 50：加入供销平台
技巧 51：加入限时促销
技巧 52：使用宝贝搭配套餐促销
技巧 53：使用店铺红包促销
技巧 54：使用彩票拉熟方式促销
技巧 55：设置店铺 VIP 进行会员促销
技巧 56：运用信用评价做免费广告
技巧 57：加入网商联盟共享店铺流量
技巧 58：善加利用店铺优惠券
技巧 59：在淘宝论坛中宣传推广店铺
技巧 60：向各大搜索引擎提交店铺网址
技巧 61：让搜索引擎快速收录店铺网址
技巧 62：使用"淘帮派"推广
技巧 63：利用"淘帮派"卖疯主打产品
技巧 64：利用 QQ 软件推广店铺
技巧 65：利用微博进行推广
技巧 66：利用微信进行推广
技巧 67：微信朋友圈的营销技巧
技巧 68：利用百度进行免费推广
技巧 69：店铺推广中的八大误区

6. 直通车推广的应用技巧
技巧 70：什么是淘宝直通车推广
技巧 71：直通车推广的功能和优势
技巧 72：直通车广告商品的展示位置
技巧 73：直通车中的淘宝类目推广
技巧 74：直通车中的淘宝搜索推广
技巧 75：直通车定向推广
技巧 76：直通车店铺推广
技巧 77：直通车站外推广
技巧 78：直通车活动推广
技巧 79：直通车无线端推广
技巧 80：让宝贝加入淘宝直通车
技巧 81：新建直通车推广计划
技巧 82：分配直通车推广计划
技巧 83：在直通车中正式推广新宝贝
技巧 84：直通车中管理推广中的宝贝
技巧 85：修改与设置推广计划
技巧 86：提升直通车推广效果的技巧

7. 钻展位推广的应用技巧
技巧 87：钻石展位推广有哪些特点
技巧 88：钻石展位推广的相关规则
技巧 89：钻石展位推广的黄金位置
技巧 90：决定钻石展位效果好坏的因素
技巧 91：用少量的钱购买最合适的钻石展位
技巧 92：用钻石展位打造爆款
技巧 93：砖石展位推广的竞价技巧

8. 淘宝客推广的应用技巧
技巧 94：做好淘宝客推广的黄金法则
技巧 95：主动寻找淘宝客帮助自己推广
技巧 96：通过店铺活动推广自己吸引淘宝客
技巧 97：通过社区活动增加曝光率
技巧 98：挖掘更多新手淘宝客
技巧 99：从 SNS 社会化媒体中寻觅淘宝客
技巧 100：让自己的商品加入导购类站点

三、超人气的网店装修与设计素材库
- 28 款详情页设计与描述模板（PSD 分层文件）
- 46 款搭配销售套餐模板
- 162 款秒杀团购模板
- 200 套新手网店装修精美模板
- 396 个关联多图推荐格子模板
- 330 个精美店招模板
- 660 款网店装修设计精品水印图案
- 2000 款漂亮店铺装修素材

四、PPT 课件
　　本书还提供了较为方便的 PPT 课件，以便教师教学使用。

手机淘宝

开店、装修、管理、运营、推广、安全

从入门到精通

凤凰高新教育 ◎ 编著

内容提要

本书系统并全面地介绍了手机淘宝网店的开店、装修、管理、运营、推广、售后服务及安全等相关知识,既有详细的操作步骤又有大量的大师技巧点拨。

全书共分为9章,内容主要包括:手机淘宝领跑移动电商;手机淘宝店铺的开通与管理;手机淘宝网店的视觉营销;快速装修与设计手机淘宝网店;直通车、钻展、淘宝客的推广方法与技巧;手机淘宝店铺的外部推广与引流方法;生意参谋的使用及引流与转化技巧;手机淘宝客户沟通与售后服务;手机淘宝网店的安全防范技能等知识。

本书内容全面、讲解清晰、图文直观,非常适合于新手开店学习,也适合已有淘宝网店、但对手机无线端的经营缺乏经验的卖家参考学习,还可以作为大、中专职业院校电子商务专业及各类电商培训机构和学校的教学参考用书。

图书在版编目(CIP)数据

手机淘宝开店、装修、管理、运营、推广、安全从入门到精通 / 凤凰高新教育编著. —北京:北京大学出版社,2017.6
ISBN 978-7-301-28214-4

Ⅰ.①手… Ⅱ.①凤… Ⅲ.①移动电话机—电子商务—商业经营—基本知识—中国 Ⅳ.① F724.6

中国版本图书馆 CIP 数据核字(2017)第 066627 号

书　　名	手机淘宝开店、装修、管理、运营、推广、安全从入门到精通 SHOUJI TAOBAO KAIDIAN、ZHUANGXIU、GUANLI、YUNYING、TUIGUANG、ANQUAN CONG RUMEN DAO JINGTONG
著作责任者	凤凰高新教育　编著
责任编辑	尹　毅
标准书号	ISBN 978-7-301-28214-4
出版发行	北京大学出版社
地　　址	北京市海淀区成府路 205 号　100871
网　　址	http://www.pup.cn　　新浪微博:@ 北京大学出版社
电子信箱	pup7@ pup.cn
电　　话	邮购部 010-62752015　发行部 010-62750672　编辑部 010-62570390
印 刷 者	北京大学印刷厂
经 销 者	新华书店
	787 毫米 ×1092 毫米　16 开本　16.25 印张　彩插 2　355 千字 2017 年 6 月第 1 版　2019 年 8 月第 2 次印刷
印　　数	3001-4000 册
定　　价	39.00 元

未经许可,不得以任何方式复制或抄袭本书之部分或全部内容。
版权所有,侵权必究
举报电话:010-62752024　电子信箱:fd@pup.pku.edu.cn
图书如有印装质量问题,请与出版部联系,电话:010-62756370

Preface 一、序言

"电子商务"开创了全球性的商业革命,带动商业步入了数字信息经济时代。近年来我国电子商务发展迅猛,不仅创造了新的消费需求,引发了新的投资热潮,开辟了新的就业增收渠道,为"大众创业、万众创新"提供了新空间,同时加速与制造业融合,推动服务业转型升级,催生新兴业态,成为提供公共产品、公共服务的新力量,成为经济发展新的原动力。

商务部、中央网信办、发展改革委三部门联合发布的《电子商务"十三五"发展规划》中,预计到2020年将实现电子商务交易额超过40万亿元,同比"十二五"末翻一番,网络零售额达到10万亿元左右。电子商务正以迅雷不及掩耳之势,进入到百姓生活的方方面面,可以说,电子商务已经成为网络经济中发展最快、最具潜力的新兴产业,而且是一个技术含量高,变化更新快的行业,要做好电子商务产业,应认清行业的发展趋势,快速转变思路,顺应行业的变化。电商行业的发展呈现了以下5个较为鲜明的发展趋势。

移动购物。2016年天猫"双十一"全天交易总额为1207亿元,其中无线端贡献了81.87%的占比,这是阿里巴巴举办"双十一"8年来的最高交易额,比2015年全天交易额的912亿元、无线端贡献的68%,有了大幅度增长。随着智能终端和移动互联网的快速发展,移动购物的便利性越来越突出。在主流电商平台的大力推动下,消费者对于通过移动端购物的接受程度也大大增加,用户移动购物习惯已经养成。无线购物正在迅猛地发展,21世纪不仅仅是PC端网购的时代,更是无线端网购的新时代。

电子商务向三、四、五线城市及农村电商渗透。如果说前10年是电子商务的起步和发展阶段,一、二线城市享受着电子商务带来的产业升级变化和大众的生活便利,那么,后10年会是三、四、五线城市,以及农村电商发展的黄金时期。随着国家政策的大力扶持,以及交通运输、网络物流的改善,电商正在逐渐渗透到三、四、五线城市及农村电商市场。

社交购物。社交购物的模式大家一定不陌生,在我们的社交平台上已经充斥着各种各样的电商广告,同时通过亲人、朋友等向我们推荐,作为我们的购物参考。社交购物可以让大家在社交网络上更加精准地营销,更个性化地为顾客服务。

大数据的应用。大家知道如果以电子商务的盈利模式逐渐作为一个升级。最低级的盈利是靠商品的差价。往上一点的是为供应商商品做营销,做到返点。再往上一点的盈利是靠平台，通过流量、顾客，然后收取平台使用费和佣金提高自己的盈利能力。再往上一点是金融能力，也就是说为我们的供应商、商家提供各种各样的金融服务得到的能力。而在电子商务迅猛发展的今天，我们要通过电子商务顾客大量的行为数据，分析和利用这个大数据所产生的价值，这个能力是当前电子商务盈利的最高层次。

精准化营销和个性化服务。这个需求大家都有，都希望网站为我而设，希望所有为我推荐的刚好是我要的，所以以后的营销不再是大众化营销，而是精准化营销。而这个趋势也是基于数据应用来实现的，通过数据的分析为顾客提供个性化的营销和服务。

然而，随着我国电子商务的急剧发展，互联网用户正以每年100%的速度递增，电子商务人才严重短缺，预计我国在未来10年大约需要200万名电子商务专业人才，人才缺口相当惊人。行业的快速发展与人才供应不足的矛盾，形成电子商务领域巨大的人才真空。从社会调查实践来看，大量中小企业正在采用传统经济与网络经济相结合的方式生产经营，对电子商务人才的需求日益增加。

面对市场对电子商务人才的迫切需求，人才的培养已得到普遍重视，国内很多大学及职业院校都已开设了电子商务专业，力争在第一时间将符合需求的专业人才推向市场。目前市场上关于电子商务的图书很多，但很多图书内容时效性差、技术更新落后、理论多于实际操作。北京大学出版社出版的这套电子商务教程，结合了当前几大主要电商运营平台（淘宝、天猫、微店三大平台），并针对电商运营中重要的岗位（如网店美工、网店运营推广）和热点技术（如手机淘宝、大数据分析、爆款打造）等，进行了全面的剖析和系统的讲解。我相信这套教程是中国电子商务人才培养、产业发展创新的有效补充，能为电商企业、个体创业者、电商从业者带来实实在在的帮助。互联网的发展很快，电商的发展更是如此，相信电商从业者顺应时代发展，加强学习，一定能做出自己更大的成绩。

中国电子商务协会副会长

李一杨

Foreword 一、前言

◆ 您知道手机淘宝的重要性吗？

中国互联网协会发布的《2015中国互联网产业综述与2016发展趋势报告》称，据不完全调查，截至2015年年底，中国手机上网用户、人数已超过9.05亿，2015年主流电商移动端支付已超过PC端。

全球每年一度最火爆的"双十一"购物节，淘宝和天猫2014年交易金额为571亿元，无线端贡献为42.6%。2015年"双十一"全天交易总额为912.17亿元，其中无线端贡献为68%。随着智能终端和移动互联网的快速发展，移动购物的便利性越来越突出。在主流电商平台的大力推动下，消费者对于通过移动端购物的接受程度也大大增加，用户移动购物习惯已经养成。所以，现如今网上开店，只会PC端淘宝的运营是远远不够的，未来几年，手机淘宝将成为一个主流市场，对于网上开店的卖家来说，学会并掌握好手机淘宝网店的管理与运营技能是非常重要的！

针对这一巨大的商业趋势，我们搜集了相关移动电商专家、教师及多位开店成功的卖家的经验，整理汇编了本书，旨在帮助想创业开店的新手，以及已有网店、但缺乏手机无线端网店的经营经验的卖家，学会并掌握手机淘宝网店的管理与运营，走上成功之路。

◆ 本书写作上有哪些特色？

● 真正"学得会，用得上"。本书充分考虑初学开店读者实际情况，通过通俗易懂的语言、翔实生动的实例，系统完整地讲解了"手机淘宝网店的开通与装修设计、运营与推广、网上交易与售后服务"等相关内容。内容在写作上注重"无基础、无经验"的用户实际情况，通过图文结合、技巧与经验结合的方式进行直观的讲述。

● 图文讲解，易学易懂。本书在讲解时，一步一图，图文对应。在操作步骤的文字讲述中分解出操作的小步骤，并在操作界面上用"❶、❷、❸…"的形式标出操作的关键位置，而且还给出操作的关键提示文字，以帮助读者快速理解和掌握。

● 经验丰富，参考性强。全书汇总15个"疑难问答"和26个"大师点拨"的栏目内容，汇总成功卖家的经验心得，吸取成功卖家的方法、策略，为你解答手机淘宝网店运营过程中可能会遇到的相关问题，让您少走弯路，帮助您提高网店产品的销售量，赚取更多的利润!

◇ 赠送的光盘有什么内容?

本书配套光盘内容丰富、实用、超值，全是干货，不仅有网上开店的相关视频教程，还有皇冠卖家运营实战经验与技巧的相关电子书。另外，还为新手开店的卖家提供了丰富的网店装修模板，能有效帮助卖家，尤其是开店新手快速掌握网店的装修、运营、营销与推广技能，具体如下。

一、丰富实用的教学视频教程

二、超值实用的电子书

三、超人气的网店装修与设计素材库

四、PPT 教学课件

本书配套光盘内容已上传到百度网盘，供读者下载。请读者关注封底"博雅读书社"微信公众号，找到"资源下载"栏目，根据提示获取。

此外，本书还赠送超值《商家电子支付安全手册》纸质小手册一本。

◇ 本书适合哪些读者群体?

本书尤其适合以下类型的读者学习参考。

● 学生：想兼职开网店、微店的在校学生，或即将毕业想自己创业的大学生。

● 职场白领：有着稳妥的工作，希望兼职开展副业，增加自己收入的人群。

● 商家和老板：自己有商铺或工厂，有独到的货源，想进军电商市场，想增加收入、扩大销售渠道的商家或个体老板。

● 电商从业人员：有自己的网店，但经营效果不理想、缺乏经营指导，想改善网店经营现状的网店卖家群体。

● 各类院校或培训机构电子商务相关专业的教材参考用书。

本书由凤凰高新教育策划并组织编写。全书由开店经验丰富的网店卖家、运营经理、网店美工等人员共同参与编写，同时也得到了众多淘宝卖家及运营高手的支持，他们为本书道出了自己多年的运营实战经验，在此表示衷心的感谢。同时，由于互联网技术发展非常迅速，网上开店的相关规则也在不断地变化，书中疏漏和不足之处在所难免，敬请广大读者及专家指正。

读者信箱：2751801073@qq.com

投稿信箱：pup7@pup.cn

Contents 目录

第1章 电商玩法变了：手机淘宝领跑移动电商

1.1 传统电商与移动电商 /2
    1.1.1 传统电商渐行渐远 /2
    1.1.2 移动电商启动新商机 /2
1.2 移动电商的现在与未来 /3
    1.2.1 移动电商的现状 /3
    1.2.2 移动电商的发展趋势 /4
1.3 移动电商必备的三大思维 /5
    1.3.1 碎片化思维 /5
    1.3.2 粉丝思维 /6
    1.3.3 速度思维 /6
1.4 为什么要开手机淘宝店铺 /7
    1.4.1 给买家带来全新的购物体验 /7
    1.4.2 为买家提供方便快捷的服务 /7

第2章 快速开通店铺：手机淘宝店铺的开通与管理

2.1 淘宝开店前的准备工作 /10
    2.1.1 做淘宝的心态 /10
    2.1.2 店铺的定位 /11
    2.1.3 货源的准备 /11
2.2 开通PC端淘宝店铺 /17
    2.2.1 注册淘宝账号 /17
    2.2.2 开通支付宝账号 /19
    2.2.3 支付宝实名认证 /22
    2.2.4 淘宝开店认证 /24
    2.2.5 设置店铺店名 /26
    2.2.6 上传店铺Logo /26
    2.2.7 设置店铺介绍 /27
2.3 使用千牛客户端管理手机淘宝店铺 /30
    2.3.1 登录千牛客户端 /30
    2.3.2 与客户交流 /30
    2.3.3 修改物流费用及买家付款价格 /31
    2.3.4 付款后发货 /32
    2.3.5 查询物流 /33
    2.3.6 交易成功后进行评价 /34
    2.3.7 修改商品名称及商品出售价格 /35
    2.3.8 下架和上架商品 /37
    2.3.9 退出账户 /38
2.4 淘宝网店的编码与库存管理 /41
    2.4.1 网店商品编码 /41

2.4.2　网店商品仓储管理的方法 /41
2.5　手机支付宝的使用 /42
　　2.5.1　使用手机支付宝为交易付款 /42
　　2.5.2　用支付宝给他人转账 /43

第3章　手淘装修必学：手机淘宝网店的视觉营销

3.1　手机淘宝装修要素 /46
　　3.1.1　各模块的尺寸要求 /46
　　3.1.2　文字、色彩、版式 /47
3.2　文字的视觉营销 /47
　　3.2.1　字体的分类 /47
　　3.2.2　字体设计的方法 /49
　　3.2.3　手机淘宝店铺装修常用流行字设计 /51
3.3　色彩的视觉营销 /56
　　3.3.1　色彩的三要素 /56
　　3.3.2　色彩的混合 /59
　　3.3.3　色彩的情感 /61
　　3.3.4　色彩的知觉心理 /64
3.4　版式的视觉营销 /70
　　3.4.1　什么是版式设计 /70
　　3.4.2　版式设计的基本类型 /70
　　3.4.3　版式空间的编排关系 /74
　　3.4.4　文字编排设计的4种形式 /76

第4章　手淘装修必会：快速装修与设计手机淘宝网店

4.1　手机淘宝的页面基本装修 /81
　　4.1.1　手机淘宝装修入口 /81
　　4.1.2　手机淘宝基本装修元素 /82
4.2　手机淘宝首页的其他装修 /104
　　4.2.1　首页装修布局 /104
　　4.2.2　设置移动端店招 /104
　　4.2.3　自定义菜单装修 /106
4.3　手机淘宝的详情页装修 /110
　　4.3.1　PC端详情页导入 /110
　　4.3.2　利用"神笔"快速制作无线详情页 /111

第5章　站内推广必会：直通车、钻展、淘宝客

5.1　无线钻展推广 /117
　　5.1.1　无线钻展展示位置 /117
　　5.1.2　无线钻展发布入口 /118
　　5.1.3　无线钻展投放技巧 /118
5.2　手机无线直通车推广 /120
　　5.2.1　分析手机淘宝无线用户 /120
　　5.2.2　手机直通车展现位置 /121
　　5.2.3　设置无线直通车宝贝投放 /121
5.3　淘宝客推广 /126
　　5.3.1　什么是淘宝客 /126
　　5.3.2　淘宝客推广手机淘宝展现位置 /127
　　5.3.3　淘宝客的推广优势 /128
　　5.3.4　合理制订佣金计划 /128
　　5.3.5　开通淘宝客做推广 /129
　　5.3.6　寻找淘宝客做推广 /135
　　5.3.7　优化产品吸引淘宝客推广 /139
5.4　手机端其他运营推广 /141
　　5.4.1　利用"微淘"推广手机店铺 /141
　　5.4.2　创建手机店铺活动 /143
　　5.4.3　利用"码上淘"推广手机店铺 /145
　　5.4.4　利用"手机海报"推广手机店铺 /148
　　5.4.5　利用"麻吉宝"推广手机店铺 /150

第6章 站外推广必知：手机淘宝店铺的外部推广与引流

- 6.1 百度推广 /155
  - 6.1.1 百度知道 /155
  - 6.1.2 加入百度贴吧 /157
  - 6.1.3 百度文库 /158
- 6.2 QQ推广 /159
  - 6.2.1 QQ邮箱推广 /159
  - 6.2.2 QQ群推广 /159
  - 6.2.3 QQ空间推广 /160
- 6.3 论坛推广 /160
  - 6.3.1 热门论坛 /160
  - 6.3.2 论坛推广的方式 /161
  - 6.3.3 论坛推广的技巧 /161
- 6.4 其他外部推广方式 /163
  - 6.4.1 购物分享类网站推广 /163
  - 6.4.2 博客推广 /164
  - 6.4.3 微博推广 /165
  - 6.4.4 微信推广 /166
  - 6.4.5 视频推广 /167
  - 6.4.6 网红推广 /169

第7章 数据分析与运营：生意参谋、引流与转化

- 7.1 使用生意参谋分析店铺数据 /172
  - 7.1.1 认识生意参谋的重要性 /172
  - 7.1.2 生意参谋的页面组成 /172
  - 7.1.3 生意参谋的核心功能 /182
- 7.2 提升手机淘宝流量的诀窍 /186
  - 7.2.1 优化手机淘宝搜索 /186
  - 7.2.2 提升手机淘宝的销量 /186
  - 7.2.3 优化手机淘宝的类目 /186
  - 7.2.4 优化产品主图 /187
- 7.3 提升手机店铺转化的五大技巧 /193
  - 7.3.1 橱窗图片做得越细越好 /193
  - 7.3.2 精简手机宝贝描述 /193
  - 7.3.3 无线搭配套餐提高购买转化率 /193
  - 7.3.4 手机淘宝无线端详情页宝贝关联推荐 /199
  - 7.3.5 淘金币无线营销 /202

第8章 服务助力营销：做好客户沟通与售后服务

- 8.1 打造优秀的淘宝客服团队 /216
  - 8.1.1 客服应具备的专业知识 /216
  - 8.1.2 客服应具备的服务态度 /217
  - 8.1.3 与客户沟通的技巧 /218
- 8.2 做好网店售后服务 /220
  - 8.2.1 处理因商品质量引发的退货 /221
  - 8.2.2 处理因规格尺寸引发的退货 /221
  - 8.2.3 处理未确认收货前的退货 /222
  - 8.2.4 处理买家的中差评 /222
  - 8.2.5 处理买家的投诉 /225
  - 8.2.6 巧用评价回复取得好印象 /225
- 8.3 建立店铺顾客会员关系维护老客户 /227
  - 8.3.1 建立会员制度 /227
  - 8.3.2 定期回访顾客 /228
  - 8.3.3 定期举办优惠活动 /228
- 8.4 无线会员营销 /229
  - 8.4.1 设置会员专享活动 /229
  - 8.4.2 会员卡管理 /230

第 9 章 手淘开店安全：安全使用网上银行、支付宝

9.1 使用手机杀毒软件保护手机安全 /233
  9.1.1 360 手机杀毒 /233
  9.1.2 腾讯手机管家 /235
9.2 手淘网店安全保障技巧 /238
  9.2.1 设置淘宝网账户密码保护 /238
  9.2.2 将淘宝账户与手机绑定在一起 /238
  9.2.3 重新设置淘宝账户密码 /239
  9.2.4 查看支付宝每笔交易额度 /240
9.3 网上银行的安全必知与防范措施 /242
  9.3.1 如何安全开通网上银行功能 /242
  9.3.2 如何设置网上银行安全 /243
9.4 支付宝使用安全技巧 /243
  9.4.1 修改支付宝的登录密码 /243
  9.4.2 修改支付宝的支付密码 /244
  9.4.3 快速找回支付宝密码 /246
  9.4.4 使用支付宝数字证书 /247
  9.4.5 支付宝钱包安全设置 /248
  9.4.6 支付宝钱包支付方式设置 /250

附录 电子商务常见专业名词解释（内容见光盘）

电商玩法变了：手机淘宝领跑移动电商

本章导读

移动互联网时代已全面到来，手机淘宝无疑是新一轮的淘宝红利期，在PC端竞争已经头破血流的时候，无线端是一个新的战场。本章将讲述作为手机淘宝卖家，要知道的移动电商的现状与未来、移动电商的思维以及为什么要开手机淘宝店铺。

知识要点

通过本章内容的学习，大家能够了解到移动电商的相关知识。本章需要掌握的相关技能知识如下。

- 传统电商与移动电商
- 移动电商的现在与未来
- 移动电商必备的3大思维
- 为什么要开手机淘宝店铺

1.1 传统电商与移动电商

随着网络技术的成熟，移动互联网引爆了移动电商，传统电商不再一枝独秀，移动电商正以迅猛的速度在飞速地发展，移动电商不是传统电商的延伸，而是重构。

1.1.1 传统电商渐行渐远

近年来，我国网络基础设施建设实现了从窄带接入低速宽带再到高速光纤接入的快速演进升级，我国互联网不断得到普及，手机网民规模逐年扩大。运营商对于4G的大力投入，WiFi热点覆盖的不断提升、移动终端的普及以及整个移动互联网生态的不断完善，给中国的移动互联网的快速发展创造了前所未有的条件。中国手机网民逐年递增，如图1-1所示，截至2015年12月，我国手机网民规模已达6.79亿。与传统电商相比，移动电商不受时空的限制，它以更广泛的消费者覆盖为基础，将传统电子商务的疆界成倍地扩张。对于新一代的消费者来说，移动购物趋势已势不可当，传统电商已渐行渐远。

图 1-1

1.1.2 移动电商启动新商机

移动电子商务是利用手机、PDA及掌上电脑等无线终端进行的B2B、B2C、C2C或

O2O的电子商务。它将因特网、移动通信技术、短距离通信技术及其他信息处理技术完美地结合，使人们可以在任何时间、任何地点进行各种商贸活动，实现随时随地、线上线下的购物与交易、在线电子支付以及各种交易活动、商务活动、金融活动和相关的综合服务活动等。

智能化让生活变得更加以人为中心，更加不受束缚。消费模式也因为手机发生了重构，继传统的线下购物、PC网络购物后，随时随地移动购物迅速成为人们喜爱的消费方式之一。对商家而言，移动电商能随时随地触达客户。手机淘宝作为移动电商商业模式的创新，承载了无线化淘宝的使命，也能帮助其账号运营者打造移动电商微品牌。

1.2 移动电商的现在与未来

根据尼尔森数据显示，2015年中国电商销售额超过3万亿元，远高于美国。依托网民数量高速增长、智能手机快速普及以及互联网持续渗透，中国已经成为全球最大的网购市场，其中移动电商起到了举足轻重的作用。

1.2.1 移动电商的现状

近年来，随着移动互联网的快速普及，移动电子商务快速发展，对经济社会生活的影响不断增大，正成为我国经济发展的重要推动力。

2016年天猫"双11"全天交易总额为1207亿元，其中无线端贡献了81.87%的占比，如图1-2所示。这是阿里巴巴举办"双11"八年来的最高交易额，2015年这一数字为912亿元，无线端贡献为68%。随着智能终端和移动互联网的快速发展，移动购物的便利性越来越突出。在主流电商平台的大力推动下，消费者对通过移动端购物的接受程度也大大增加，用户移动购物习惯已经养成。截至2015年年底，中国移动购物用户规模达到3.64亿，2016年将突破4亿，2016年一季度移动端交易占比达54.9%。无线购物正在迅猛地发展，21世纪不仅仅是PC端网购的时代，更是无线端网购的新时代。

图 1-2

1.2.2 移动电商的发展趋势

数字化时代，移动购物已经深入人们的生活中，未来人们与移动电商的关系必将越来越密切。那么，移动电商又将有怎样的发展趋势呢？

1. APP与移动电商密不可分

APP如雨后春笋般层出不穷，与移动互联网已密不可分，如图1-3所示。消费者不愿放弃线下消费的体验，同时也希望享受线上移动购物的便利，APP满足了将人们线上线下生活融合在一起的愿望。对企业来讲，打造专属的、有特色的APP是非常关键的。消费者可以通过APP了解产品，同时也可预约或使用手机直接下单购买，达到企业和消费者共赢的目的。用好移动互联网，做好产品的推广和销售，将消费者的眼球吸引到产品APP上，加大APP与使用者的互动，可以赢得更多忠诚度高的客户，给企业带来效益。

图 1-3

2. 到实体进行移动购物将增加

2015年尼尔森在线购物者趋势研究报告显示，美团网、大众点评、携程等与实体相关的应用成为推动流量的新增长点。与PC端网购最大的不同是，移动购物更与购物实体相关。从图1-4可以看出，PC端网购与移动端网购的区别。

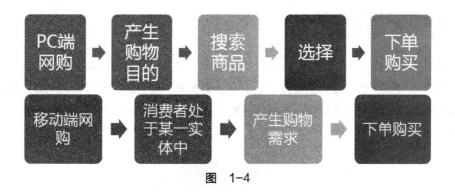

图 1-4

1.3 移动电商必备的三大思维

思想决定行动，行动决定成败，在移动互联网时代，需要具备移动互联网时代的思维。那么什么是移动互联网时代的思维呢？简单地说，移动互联网时代的思维可概括为碎片化思维、粉丝思维和速度思维。

1.3.1 碎片化思维

移动互联网加剧了消费者的碎片化，一是消费者购物地点的碎片化，二是消费者购物时间的碎片化。消费者可以在任何时间、任何地点用手机完成购买，在坐车、旅行、喝咖啡时都可以用手机消费，如图1-5所示。碎片化催生了个性化的购物，移动消费者年龄层较为年轻，喜欢随时随地能购买到能够彰显其个性的产品和服务。个性化的消费便要求企业具备个性化的生产和服务，单一的标准化生产服务越来越难以满足移动互联网时代日益多样化、个性化的消费需求。

图 1-5

1.3.2 粉丝思维

在移动互联网时代，粉丝可以快速扩散品牌影响力，增加品牌知名度，粉丝对品牌有高度的忠诚和热情，他们不仅自己是品牌的老顾客，还会通过微博、微信等各种社交媒体向他们周围的人传播品牌，促进销售增长，如图1-6所示。可以说，得粉丝者，便可得天下。

图 1-6

挪威的汉堡王（Burger King）和为其服务的DIST创意公司想要知道他们Facebook上的粉丝中到底有多少人是真心实意地喜欢这个品牌，想甩掉那些只在主页上做消极评论或是要优惠折扣的冒牌粉丝。公司称想要重新启动其Facebook的主页，并且向之前主页上的每位关注者承诺，如果他们不加入新主页的话，就可以得到一个免费的巨无霸汉堡。结果28000名粉丝选择了免费汉堡，新主页上只有8000多名粉丝。汉堡王为什么要踢走上万粉丝？它得到了什么？因为这一举动后剩下的全都是忠诚的粉丝，无论是否给这些忠实的粉丝好处，他们都愿意帮助汉堡王做宣传，为其带来更多的客户。

说到粉丝思维，不得不提到小米，小米将粉丝营销做到了极致。在小米起步的时候，雷军希望能少花钱做好营销，于是他的员工在各大论坛注册账号宣传小米，逐渐积累起一批对小米感兴趣的用户。他们再将这批用户转化为高黏性的粉丝，小米手机借此赢得了发展起步的机会。

1.3.3 速度思维

互联网时代，是量的时代；而移动互联网时代，是效率的时代。在这个瞬息万变的时代，站着不动就是最大的倒退。移动互联网加速了资源的配给效率，用户对信息服务的需求变得更简短与快捷，即时冲动型需求大量产生。例如，小米手机每周修改四五十个漏洞，微信推出后一年内迭代开发 44 次。只有跟上时代的节奏，才能抢占市场先机，为企业的发展争取更多的机会。

1.4 为什么要开手机淘宝店铺

随着电子商务的迅速发展，近几年已经由 PC 端扩展到手机端，移动电子商务时代已经到来。相比 PC 端淘宝店铺，手机淘宝有以下几大优点。

1.4.1 给买家带来全新的购物体验

手机淘宝中有很多新奇的玩法，它不仅是一个购物平台，同时也是交友、分享的平台。手机淘宝推出了微淘、淘宝帮派这些板块，为买家提供互动的渠道，在里面可以晒图、发帖、发心情、写说说，可以结交很多有相同爱好的朋友，如图 1-7 所示，让买家不再是单一地购物，而是可以激发买家的分享欲，主动宣传自己喜爱的宝贝和店铺。

图 1-7

1.4.2 为买家提供方便快捷的服务

相比电脑，手机的使用更为方便，手机购买商品不受空间、时间的限制，无论何时何地，都可以用手机随心所欲地购物。由于手机购买商品没有 PC 端方便，买家很难同时打开多个页面去比较价格，比较质量，只能看当前的页面，所以影响购买的因素减少，只要看到喜欢的宝贝就能快速下单。使用手机下订单的用户一般都比较年轻，他们购买东西很少去聊天或议价，喜欢直截了当的下单。

大师点拨1：手机端店铺风险规避

任何投资都是有风险的，开网店也是一种投资，同样存在风险。若想要淘宝开店零风险，这基本是不可能的。淘宝店主在开店前需要全面地分析投资风险，只有这样，才能够在日后的经营过程中理性地规避这些风险，减少投资损失。

1. 库存风险

库存风险就是资金的风险，几乎所有的淘宝卖家都会面临一个问题，那就是要存多少货？如果货少了，可能会断货，对店铺的诚信造成严重影响，还可能会流失大量客户；如果货多了卖不出去，会造成商品积压，影响店铺的资金流动，对店铺的经营造成威胁。那么，如何解决库存风险呢？如果卖家是厂家，库存便不是大的问题。如果是从厂家进货的卖家，可以和货源方约定，让积压商品可以退换一部分，或是厂家也能协助销售，将积压的库存转卖批发到其他地方。如果是小卖家，建议稳扎稳打，不要进太多的货。

2. 快递风险

商品在邮递过程中，会因为快递公司的失误导致商品损坏或者丢失。选择快递公司，要选择靠谱的快递公司，切不可因小失大。特别是易碎、贵重物品，在包装和快递选择方面都需要慎重。

有一家天猫店，每天发几百单的快递，以前一直有稳定的快递公司合作，后来换了一家快递公司，每单运费比原来那家要便宜1.5元，单是运费一天就能省一千多元。可渐渐地麻烦来了，投诉物流公司的买家与日俱增，丢件、错件各种问题不断，店铺的销量也受到了影响，急剧下降。后来这家天猫店换回了原来的快递公司，店铺过了几个月才缓过劲来。

对于手机端店铺来讲，除了上面讲到的两点，还要注意安全问题，若手机丢失或是信息泄露，会造成极大的风险，我们将在最后一章详细介绍手机淘宝店铺的安全。

本 章 小 结

本章主要讲解了传统电商与移动电商，移动电商的现在与未来，移动电商的思维以及为什么要开手机淘宝店铺等相关内容，通过本章内容的学习，希望读者能够认识到手机淘宝是淘宝店铺的必然趋势。

第 2 章

快速开通店铺：手机淘宝店铺的开通与管理

本章导读

在手机淘宝开店之前，我们还需要进行相应的规划和准备，以便让自己在后面的开店过程中能够快速进入角色，成为一名合格的店铺掌柜。

知识要点

通过本章内容的学习，大家能够学习如何开通手机淘宝店铺以及管理手机淘宝店铺。本章需要掌握的相关技能知识如下。

- 淘宝开店前的准备工作
- 开通 PC 端淘宝店铺
- 使用千牛客户端管理手机淘宝店铺
- 淘宝网店的库存管理
- 手机支付宝的使用

2.1 淘宝开店前的准备工作

为了淘宝店铺的发展，开店前需要做哪些准备工作呢？本节将介绍做淘宝的心态以及店铺的定位。

2.1.1 做淘宝的心态

著名心理学家马斯洛说过："心态若改变，态度跟着改变；态度改变，习惯跟着改变；习惯改变，性格跟着改变；性格改变，人生就跟着改变。"那么，经营淘宝店铺，应该有怎样的正确心态呢？

1. 坚持不懈

成功在于坚持，坚持不一定成功，但不坚持一定是不能成功的。新东方英语的创始人俞敏洪坚持参加了三年高考最终考上北大。阿里巴巴创办者马云，对梦想从不放弃，他曾经想考重点小学却失败了，考重点中学也失败了，考大学更是考了三年才考上，想念哈佛大学也没有成功，但他百折不挠、坚持不懈，最终通过自己的努力，获得了巨大的成功。

一旦我们确定了目标之后，就要用最执着的精神一步一步去努力。在淘宝开店不是把货拿回来了、上架了就会有钱挣，还需要做好服务和推广，甚至有时前期投入后仍会有一段冷清的时间。很多在沙漠里寻找水源的人都死在离水源很近的地方，创业路上要耐得住寂寞，经得起打击，也许再坚持一下你就能成功，千万不要轻易地放弃，否则你永远只能膜拜别人的成功。一杯可乐可以让全球家喻户晓，只要坚持，有什么是不可能的呢？

2. 拥有一颗平常心

开淘宝店铺要有一颗平常心，不能急功近利，不注重商品品质，这样虽然能风光一时，可毕竟不是长久之计，店铺信誉越来越低，后期发展便会困难无比。对于网店的长远发展来说，保持一颗平常心是很重要的。只有一颗平常心，才能在困难来临时从容面对。

3. 把顾客当朋友

即使不能把顾客当作上帝，也要把顾客当作朋友去对待。只有真心对待顾客，才能有回头客,生意才能持久。正所谓顾客虐我千百遍,我待顾客如初恋。若拥有这样的心态,何愁没有忠实的顾客呢?

2.1.2 店铺的定位

要在网上开店,首先就要有适合通过网络销售的商品,这就是对自己网上店铺定位的先期规划。准确定位自己的网店,要确定所卖的产品、顾客的年龄层、消费能力等。

1. 专注才能做到极致

在移动互联网时代要会做减法,不做比做更重要。乔布斯曾说:"专注和简单一直是我的秘诀之一。简单可能比复杂更难做到,你必须努力厘清思路,从而使其变得简单。但最终这是值得的,因为一旦你做到了,便可以创造奇迹。"好比做女装,你不可能让各个年龄段的女性、不同风格的女性、收入层次不同的女性都成为你的消费者,这就需要细分市场,找准自己的定位,弱水三千只取一瓢。

艺龙旅行网创立于1999年,虽因商业模式受到资本市场的追捧于2004年在纳斯达克上市,但在创立后的近10年间一直处于亏损的经营窘境。2008年以来,在线旅游行业出现有史以来最严酷的竞争环境,艺龙却在这样的内外环境下成功突围。艺龙不与行业龙头携程抢机票预订业务,只关注在线酒店预订,而且只做线上和手机上的酒店预订,产品线非常单一。这一战略使其能在酒店预订业务领域与携程"叫板"。两家一度打得难分难舍,直到2015年,携程出资约4亿美元,持有艺龙37.6%的股权,成为老对手艺龙的第一大股东。

2. 做自己擅长的领域

在考虑卖什么的时候,一定要根据自己的兴趣和能力而定。尽量避免涉足不熟悉、不擅长的领域。同时,要确定目标顾客,从他们的需求出发选择商品。如果做我们自己都不感兴趣的商品,是很难做好的,也很难让买家喜欢我们的商品。同时,也挖掘一下自己擅长什么,做自己擅长的,无疑就是一种竞争优势。不能盲目跟风,看别人的产品卖得好,就去卖人家的产品。别人做得好,或许正是因为他们擅长这一领域。

2.1.3 货源的准备

确定了卖什么之后,就要开始找货源了。网上开店之所以有利润空间,成本较低是重要的原因。拥有了物美价廉的货源,便取得了制胜的法宝。不管是通过何种渠道寻找货源,低廉的价格是关键因素。找到了物美价廉的货源,网上商店就有了成功的基础。

1. 批发市场

批发市场产品多样、地域分布广泛,能够小额批发,更加适合以零售为主的小店。批发市场的商品价格一般比较便宜,品种繁多、数量充足,便于卖家挑选。图2-1所示为成都金荷花批发市场。

图 2-1

2. 批发网站

全国最大的批发市场主要集中在广州、杭州等几个一线城市，像成都很多的批发商家，都是二级批发，都是从一线城市的大型批发市场进货，所有的卖家会千里迢迢直接去一线批发市场进货。有了批发网站，一切就变得简单多了。阿里巴巴、生意宝等作为网络贸易批发的平台，充分显示了其优越性，为很多小地方的卖家提供了很大的选择空间。它们不仅查找信息方便，也专门为小卖家提供相应的服务，并且起批量很小。图 2-2 所示为阿里巴巴批发网站，网址为 https://www.1688.com。

图 2-2

3. 厂家直接进货

一件商品从生产厂家到消费者手中，要经过许多环节，其基本流程是：原料供应商→生产厂家→全国批发商→地方批发商→终端批发商→零售商→消费者。经过如此多环节的流通和运输，自然就会产生额外的附加费用。这些费用都被分摊到每一件商品上，致使一件商品的价格从出厂到到达消费者手中，往往会翻好几倍。

如果可以直接从厂家进货，且有稳定的进货量，无疑可以拿到理想的价格。而且正规的厂家货源充足，信誉度高，如果长期合作，一般都能争取产品调换和退货还款。但是，厂家要求的起批量非常大，小规模的卖家很难与其合作。当然对服装、包包类的商品也可以自己原创设计，到厂家进行生产，厂家只负责加工。

问：怎样进货才能获得利润最大化呢?

答：进货是一门学问，如进货的数量、质量、品种如何确定，什么时候补货及如何确定补货的数量，作为网店的经营者都应该了解。在进货时掌握以下要领，可以让店铺利润最大化。

（1）货比三家

为了使进货价格最合理，可以向多家供货商咨询，并从中挑选出各方面都适合的供货商。

（2）按不同商品的供求规律进货

对于供求平衡、货源正常的商品，少销少进，多销多进。对于货源时断时续、供不应求的商品，根据市场需求来开辟货源，随时了解供货情况，随时进货。对于采取了促销措施但仍然销量不大的商品，应当少进，甚至不进。

（3）注意季节性

一些季节性的商品一般会比市场提前两到三个月，比如，在炎炎夏季时，批发市场的生产厂家们已经在忙着生产秋装了，在春季时，生产厂家们已经在准备夏装了，所以要看准季节、时机，慎重进货。

（4）进货的数量

进货数量包括多个方面，如进货总额、商品种类数量等。确定进货总额有个比较简单的方法，即把整个店铺的单月经营成本加起来，然后除以利润率，得出的数据就是每月要进货的总额。进货商品种类第一次应该尽可能地多进，因为需要给顾客多种选择的机会；当对顾客有一定了解后，就可以锁定一定种类的产品了。

大师点拨2：开店硬件与软件的准备

网店是一个虚拟商店，不需要支付昂贵的店面租金，不需要自己或雇用营业员站柜台，可以说，只要具备网上开店最基本的条件，任何人都是可以在网上开店的。

1. 硬件的准备

不管是实体开店还是网上开店，硬件都是基础和根本，但是，网上开店的硬件不同于实体开店。要在网上开店，需要的硬件包括电脑、数码相机、移动电话、扫描仪、传真机等，这些硬件不一定非要全部配置，但是要尽量地做到配齐，这样就可以方便经营。

（1）计算机

现在快节奏的生活、工作，都需要方便的移动办公设备。计算机是必备的，也是网络销售的基础硬件。网上开店最好能拥有一台方便携带、随时随地都能投入工作的笔记本电脑。用笔记本电脑可以更快速、方便地与自己的客户和厂家进行沟通，还可以及时查看和回复买家的留言，此外，它还可以起到移动硬盘的作用。当然，如果没有条件，也可以配一台台式计算机，只要时间分配适当，同样可以达到事半功倍的效果。

（2）拍摄商品的器材

对于很多店铺而言，数码相机也是基本的装备。大部分的买家都是通过图片和文字叙述了解商品的，有了自己的数码相机，就可以将产品多角度地反映在买家面前，使买家更加直观地感受和了解商品。如果没有货物的实物图片，商品就很难引起买家的注意和购买欲望，而且还会让买家怀疑该物品是否存在。

因此，好的数码相机和娴熟的拍摄技术就显得尤为重要。当然，在拍摄技术方面，可以多请教相关的专业人士，也可以通过网络搜索一些拍摄方面的技巧，本书后续内容也会介绍，以免出现高质量的数码相机拍摄出低水准图片的尴尬。

2. 软件的准备

第一个工具就是图片编辑软件。如果我们会使用Photoshop、美图秀秀之类的图片编辑软件，那么就可以使得我们的店铺装修更加美观，也可以使我们店铺内描述宝贝的图片更加赏心悦目。

（1）图片处理软件

用数码相机拍摄的商品图片是要上传到网店的，但为了让商品图片更吸引买家，在上传之前一般都要再处理一下，如添加文字说明、抠背景图、多张图片组合等，这就需要用到图片处理软件。最专业的图片处理软件是Photoshop，它能够实现所有能想到的任何图片后期的处理效果，如图2-3所示。此外，常用的图片处理软件还有美图秀秀、CorelDRAW等。

（2）淘宝助理

淘宝助理是淘宝网针对卖家所提供的一款商品批量发布与管理的工具，淘宝所有卖家都可以使用它来帮助自己管理店铺商品。拥有了淘宝助理，我们可以快速发布、编辑、上传宝贝，提高工作效率。像修改宝贝的属性这些基本操作在淘宝助理中仅需几个操作就可完成，如图2-4所示。

图 2-3

图 2-4

大师点拨3：开店前必须知道的淘宝开店规则

根据国家相关规定，用户在创建个人的网上店铺时，淘宝会员名、淘宝店铺名及域名须遵循淘宝相关的规则，不得包含以下信息。

➢ 同中华人民共和国的国家名称、国旗、国徽、军旗、勋章相同或者近似的，以及同中央国家机关所在地特定地点的名称或者标志性建筑物的名称、图形相同的。

➢ 同外国的国家名称、国旗、国徽、军旗相同或者近似的，但该国政府同意的除外。

➢ 同政府间国际组织的旗帜、徽记、名称相同或者近似的，但经该组织同意或者不易误导公众的除外。

➢ 与表明实施控制、予以保证的官方标志、检验印记相同或者近似的，但经授权的除外。

➢ 同红十字、红新月的标志、名称相同或者近似的。

➢ 同第三方标志相同或者近似的，如"中国邮政、中国电信、中国移动、中国联通、中国网通和中国铁通"等。

➢ 带有民族歧视性的。

➢ 夸大宣传并带有欺骗性的。

➢ 有害于社会主义道德风尚或者有其他不良影响的。

➢ 县级以上行政区划的地名或公众知晓的外国地名，不得作为店标，但是，地名具有其他含义的除外，已经注册的使用地名的店标继续有效。

➢ 带有种族歧视、仇恨、性和淫秽信息的语言。

➢ 违背公序良俗的不良信息或令人反感的信息。

➢ 含有不真实内容或者误导消费者的内容。

➢ 其他涉嫌违反法律法规的内容：

会员在选择其淘宝会员名、淘宝店铺名或域名时应遵守国家法律法规，不得包含违法、涉嫌侵犯他人权利或干扰淘宝运营秩序等的相关信息；淘宝网会员的会员名、店铺名中不得包含旗舰、专卖等词语。

会员名注册后无法自行修改。

➢ 淘宝有权回收同时符合以下条件的不活跃账户：

绑定的支付宝账户未通过实名认证；

连续6个月未登录淘宝或阿里旺旺；

不存在未到期的有效业务，有效业务包括但不限于红包、淘金币、集分宝、天猫点券等虚拟资产及其他订购类增值服务等。

➢ 淘宝会员名、淘宝店铺名及域名中不得包含干扰淘宝运营秩序的信息，包括但不限于以下情形：

含有"淘宝特许""淘宝授权"及近似含义的词语；

"淘宝""淘宝网""天猫""一淘"等代表淘宝特殊含义的词语或标识；

心、钻、冠等与淘宝信用评价相关的词语或标识；

阿里巴巴集团及旗下其他公司的名称或标识；

非商盟店铺的店铺名命名为"××商盟"，或非商盟的店铺在店铺中使用商盟进行宣传。

不具有相关资质或未参加淘宝相关活动的会员或店铺，使用与特定资质或活动相关的特定含义的词语，如"台湾馆、香港街、天猫、消费者保障计划、先行赔付"等。

2.2 开通 PC 端淘宝店铺

要想在淘宝网上开店,当然需要先注册成为淘宝会员,然后再以注册会员身份登录才能申请开店。本节内容主要介绍淘宝店铺注册的技巧。

2.2.1 注册淘宝账号

注册申请淘宝账号,具体操作步骤如下。

第1步 在地址栏中输入 http://www.taobao.com/,打开淘宝网首页,❶ 单击【注册】按钮,如图 2-5 所示;❷ 在弹出的页面单击【同意协议】按钮,如图 2-6 所示。

图 2-5　　　　　　　　　　图 2-6

第2步 进入淘宝网账户注册界面,单击【切换成企业账户注册】链接,如图 2-7 所示。

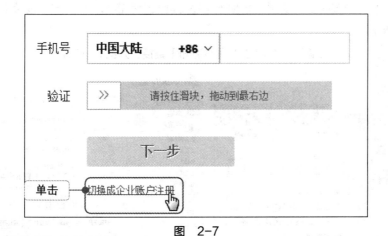

图 2-7

第3步 ❶ 输入电子邮箱地址及验证码,❷ 单击【下一步】按钮,如图 2-8 所示。
第4步 ❸ 输入手机号码,❹ 单击【免费获取校验码】按钮,如图 2-9 所示。

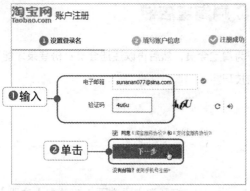

图 2-8

图 2-9

第5步 淘宝网即可通过短信形式发送到所输入的手机号码上一个6位数的校验码，❶输入校验码，❷单击【下一步】按钮，如图2-10所示。

第6步 提示验证邮件已发送到邮箱，❸单击【立即查收邮件】按钮，如图2-11所示。

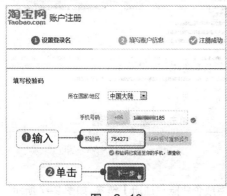

图 2-10

图 2-11

第7步 进入邮箱登录页面，❶输入邮箱地址及登录密码，❷单击【登录】按钮，如图2-12所示。

第8步 进入邮箱首页，❸单击【网站通知】链接，如图2-13所示。

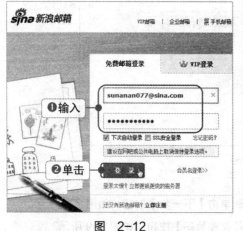

图 2-12

图 2-13

第9步 ❶打开"淘宝网 新用户确认通知信"邮件,如图2-14所示;❷单击【完成注册】按钮,如图2-15所示。

图 2-14　　　　　　　　　　　　　　图 2-15

第10步 进入【填写账户信息】界面,❶输入登录密码及会员名;❷单击【确定】按钮,如图2-16所示。即可注册成功,如图2-17所示。

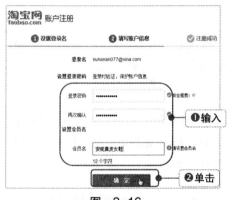 

图 2-16　　　　　　　　　　　　　　图 2-17

2.2.2 开通支付宝账号

支付宝是淘宝网安全网络交易的核心保障,支付宝作为诚信中立的第三方机构,可以充分保障货、款安全及买卖双方的利益,交易过程中无后顾之忧。在开通淘宝时,默认情况下都带有支付宝。如果用户需要单独注册支付宝账户,具体操作步骤如下。

第1步 ❶打开【注册 – 支付宝】首页,单击【使用邮箱注册】链接,如图2-18所示;❷输入电子邮箱地址和验证码,❸单击【下一步】按钮,如图2-19所示。

图 2-18　　　　　　　　　图 2-19

第2步　❶输入手机号码；❷单击【点此免费获取】按钮，如图2-20所示；❸输入手机短信中的校验码；❹单击【下一步】按钮，如图2-21所示。

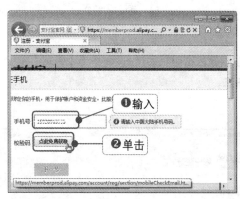

图 2-20　　　　　　　　　图 2-21

第3步　❶自动将验证邮件发送至邮箱，单击【立即查收邮件】按钮，如图2-22所示；❷如果开启了邮件所在的QQ，单击选择相应的QQ即可登录至邮箱中，单击【收件箱】按钮；❸单击收件箱列表中的【支付宝】标题链接，如图2-23所示。

图 2-22　　　　　　　　　图 2-23

第4步 ❶打开邮件,单击【继续注册】按钮,如图2-24所示;❷进入【注册–支付宝】页面,输入登录密码、支付宝密码与身份信息;❸单击【确定】按钮,如图2-25所示。

图 2-24

图 2-25

第5步 ❶在设置支付方式中,输入银行卡号和申请银行卡的手机号码;❷单击【同意协议并确定】按钮,如图2-26所示;❸输入短信的校验码;❹单击【确认,注册成功】按钮,如图2-27所示。

图 2-26

图 2-27

第6步 经过以上操作,即可成功注册支付宝账户,如图2-28所示。

图 2-28

2.2.3 支付宝实名认证

在进行支付宝实名认证的同时会核实会员的身份信息及银行账户信息，通过支付宝实名认证后，就相当于拥有一张互联网身份证，可以在淘宝网等众多电子商务网站开店、出售商品。实名认证支付宝的具体操作步骤如下。

第1步　登录支付宝，❶在首页选择【账户设置】选项卡；❷在该界面中选中左侧【基本设置】选项；❸单击【实名认证】栏中的【升级】链接，如图2-29所示。

第2步　进入【实名认证】页面，❹单击【个人信息所在面】右侧的【点击上传】按钮，如图2-30所示。

图 2-29　　　　　　　　　图 2-30

第3步　❶在打开的对话框中选择身份证正面图片；❷单击【打开】按钮，如图2-31所示。开始上传，上传成功后；❸在弹出的对话框中单击【继续上传另一面】按钮，如图2-32所示。

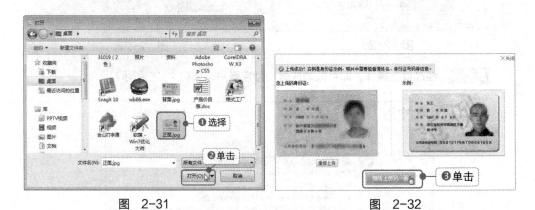

图 2-31　　　　　　　　　图 2-32

第4步　❶在打开的对话框中选择身份证背面图片；❷单击【打开】按钮，如图2-33所示。身份证背面图片上传成功后；❸单击【确定】按钮，如图2-34所示。

图 2-33

图 2-34

第5步 ❶返回认证界面,填写身份证到期时间以及个人常用地址;❷单击【提交】按钮,如图 2-35 所示。证件进入人工审核阶段,需要等待,如图 2-36 所示。

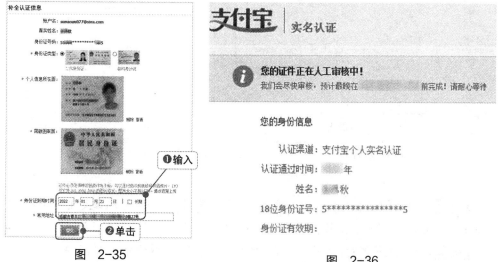

图 2-35　　　　　　　　　　　　图 2-36

第6步 48 小时之内,会收到支付宝发来的手机短信,提示证件审核通过,在支付宝查看详情。此时,在基本信息选项下,单击【实名认证】栏中的【查看】链接,如图 2-37 所示。

第7步 即可查看到实名认证已通过,如图 2-38 所示。如果超过 48 小时没有收到短信提示,那么需要重新上传身份证图片。

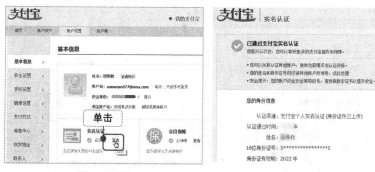

图 2-37　　　　　　　　　　　　图 2-38

2.2.4 淘宝开店认证

除了支付宝认证外，还需要进行淘宝开店认证，只有通过此认证才能继续网上开店操作。具体操作步骤如下。

第1步　登录淘宝网，进入卖家中心，❶单击【马上开店】按钮，如图2-39所示。

第2步　进入【免费开店】界面，❷单击【淘宝开店认证】右侧的【立即认证】链接，如图2-40所示。

图　2-39

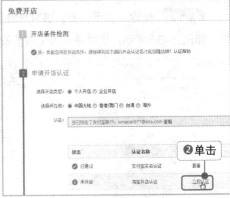

图　2-40

第3步　进入【淘宝开店认证】界面，❶填写与支付宝认证一致的真实姓名和身份证号码；❷单击【手持身份证照片】中的【上传并预览】按钮，如图2-41所示。

第4步　❸在打开的对话框中选择拍好的手持身份证上半身照片；❹单击【打开】按钮，如图2-42所示。

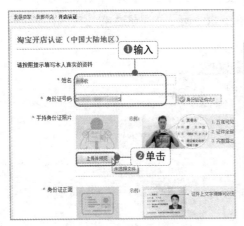

图　2-41

图　2-42

第5步 ❶在弹出的对话框中按住鼠标左键不放，拖动照片上的绿色浮框至身份证处，预览证件信息是否清晰可见；❷单击【确认】按钮，如图2-43所示。

第6步 ❸用相同的方法继续上传身份证正面，如图2-44所示。

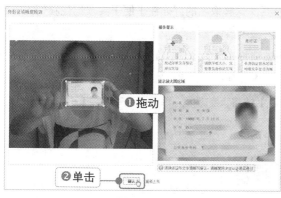

图 2-43

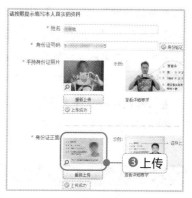

图 2-44

第7步 ❶填写联系地址、手机及短信验证码；❷单击【提交】按钮，如图2-45所示。

第8步 弹出提示对话框，❸单击【确定】按钮，确认在认证过程中不修改本人真实资料，如图2-46所示。

图 2-45

图 2-46

第9步 等待人工审核，审核时间通常会在1~3个工作日，如图2-47所示。

第10步 审核完成后，即可查看到淘宝开店认证已通过，如图2-48所示。

图 2-47

图 2-48

2.2.5 设置店铺店名

对于网店来说，一个好的店铺名称是需要的，我们可以把店铺名称分为两部分，即"店铺名＋商品类别"，如"宓色刺绣口金包"。这样取名的好处在于便于买家记住我们的店铺，而商品特色则可以让买家明确了解我们店铺中销售哪些商品。

另外，店铺名称最好能直接反映店铺销售商品的类型，在建立友情链接或是其他推广方式中，都需要用到店铺名称，因而卖家对店铺名称，应当认真分析，合理命名。

进入卖家中心，❶单击【店铺设置】链接，如图 2-49 所示；❷在打开的页面输入店铺名称即可，如图 2-50 所示。

图 2-49

图 2-50

2.2.6 上传店铺 Logo

Logo 即是店铺的标志图片，一个精致而有特色的店标 Logo 能在顾客脑海中树立起店铺的形象，提高店铺的知名度。为店铺添加 Logo 的具体操作步骤如下。

第 1 步　❶在【店铺基本设置】界面的【店铺标志】栏中单击【上传图标】按钮，如图 2-51 所示。

第 2 步　❷在打开的对话框中选择设置好的标志图片；❸单击【打开】按钮，如图 2-52 所示。

图 2-51

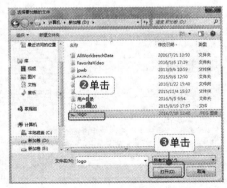
图 2-52

第3步 上传后即可显示标志，如图2-53所示。稍等片刻，即可在【我是卖家】首页查看到店铺标志。

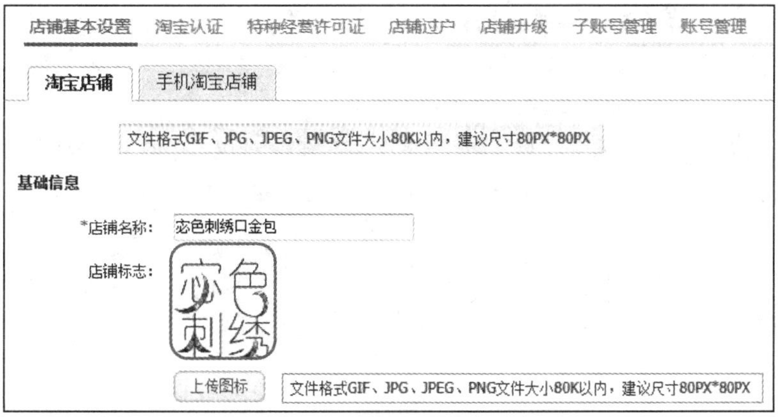

图 2-53

2.2.7 设置店铺介绍

店铺介绍可以对店铺整体情况进行说明，也是宣传店铺的一种方式。可展示介绍店铺的经营特色、认证资质、购物须知等重要信息，为顾客留下深刻印象，让顾客全面了解店铺。可以时时修改店铺介绍，进入【卖家中心】→【店铺管理】→【店铺基本设置】页面即可修改，如图2-54所示，完成设置后单击下方【保存】按钮即可。

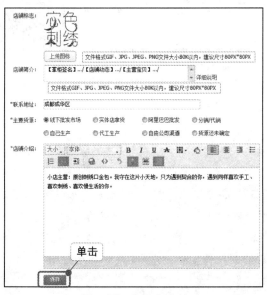

图 2-54

大师点拨4：使用手机进行淘宝开店认证

淘宝开店认证，可以通过电脑认证，也可以通过手机淘宝客户端认证。下面具体讲解使用手机进行淘宝开店的认证步骤及技巧。

第1步 前期步骤与PC端认证操作步骤相同，当进入【淘宝身份认证资料】页面，且页面提示为【手机认证－手机淘宝】客户端认证时，用手机淘宝客户端"扫一扫"功能扫描二维码；若未下载【手机淘宝】客户端，点击二维码图中的【下载淘宝客户端】链接进行下载，下载安装完成后使用【手机淘宝】客户端中的扫码功能进行认证，如图2-55所示。扫码后页面如图2-56所示，点击【我知道了】链接。

图 2-55　　　　　　　　　　　图 2-56

第2步 ❶输入手机号码；❷点击【获取验证码】按钮；❸输入验证码；❹点击【下一步】按钮，如图2-57所示；❺在打开的页面填写联系地址（可使用淘宝默认收货地址），❻点击【下一步】按钮，如图2-58所示。

第3步 拍摄证件照片。与PC端认证不同，手机淘宝客户端认证只需上传手势照片和身份证正面照片，点击【拍摄】按钮，如图2-59所示。凭证提交成功后打开如图2-60所示的页面，审核时间为48小时。

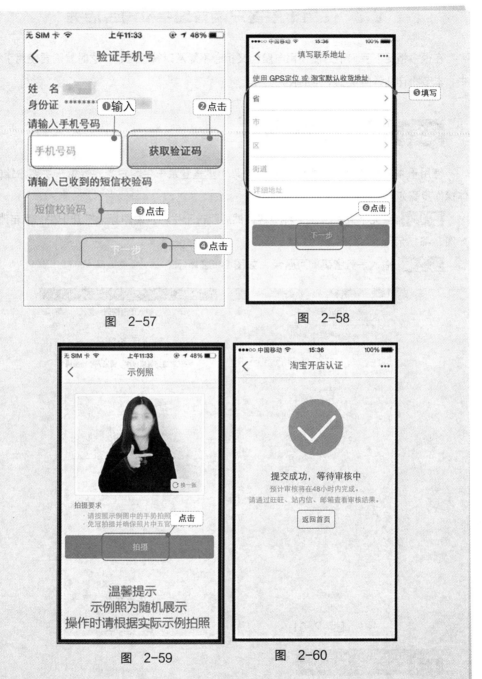

图 2-57　　　　　图 2-58

图 2-59　　　　　图 2-60

在使用手机进行淘宝开店认证时需注意以下事项。

● 需如实填写并认真检查身份证信息、真实经营地址（联系地址）、有效联系手机，以免因信息不符或虚假信息等原因导致认证无法通过。

● 拍摄照片后请仔细检查，确保身份证信息完整清晰、所拍摄的手势照与示例照相符。

2.3 使用千牛客户端管理手机淘宝店铺

在很多情况下我们不方便使用电脑但又担心不能及时管理店铺，这时就需要使用手机千牛。本节将详细讲解手机千牛的使用方法。

2.3.1 登录千牛客户端

使用千牛客户端管理手机淘宝店铺的第1步是登录千牛客户端，登录千牛客户端的具体操作步骤如下。

第1步 首先下载手机千牛客户端，然后双击千牛客户端图标，打开千牛，点击账号，如图2-61所示。

第2步 输入手势密码即可登录，如图2-62所示。

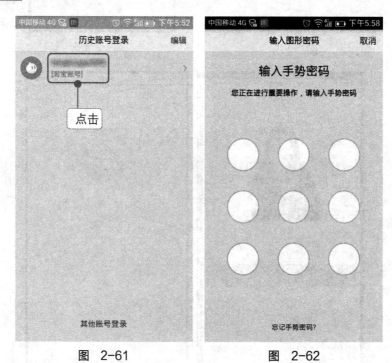

图 2-61　　　　　　图 2-62

2.3.2 与客户交流

卖家在使用千牛时，一定也要在手机上下载千牛卖家版，这样就算是在外出期间，也能时时与买家沟通交流。具体操作步骤如下。

第1步 ❶在手机千牛主面板中点击【消息】图标，如图2-63所示。

第2步 ❷点击正在联系的买家，进入与该买家的聊天面板，进行沟通即可，如图2-64所示。

图 2-63

图 2-64

2.3.3 修改物流费用及买家付款价格

有的买家在询问商品时会要求卖家包邮、减邮费、降低价格，如果卖家同意了，就要修改物流费用及买家付款价格。其具体操作步骤如下。

第1步 ❶ 在千牛客户端首页点击【商品管理】图标，如图 2-65 所示；❷ 再点击【待付款】图标，如图 2-66 所示。

图 2-65

图 2-66

第2步　❶在弹出的【爱用交易】页面点击【立即授权】按钮,如图2-67所示;
❷在待付款的商品页面点击【改价】按钮,如图2-68所示。

第3步　❸在打开的页面中修改价格,❹修改运费,❺完成修改后点击【确定】按钮,如图2-69所示。

图 2-67

图 2-68

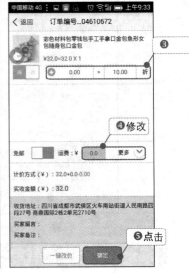
图 2-69

2.3.4 付款后发货

买家付款后,卖家要及时让快递公司收货,并在网上填写发货单号,买家便知道卖家已发货。在使用电脑发货不方便时,可以使用手机支付宝发货。其具体操作步骤如下。

第1步　❶在千牛客户端首页点击【交易管理】图标,如图2-70所示;❷再点击【待发货】图标,如图2-71所示。

图 2-70

图 2-71

第2步 ❶点击要发货的订单下面的【发货】按钮，如图2-72所示；选择发货方式与物流公司，❷输入订单号，❸点击【发货】按钮即可，如图2-73所示。

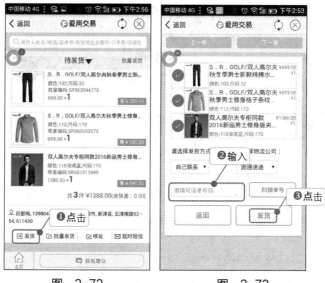

图 2-72　　　　　图 2-73

2.3.5 查询物流

发货后卖家如果使用电脑不方便，可以在手机上使用千牛客户端查询物流情况。其具体操作步骤如下。

第1步 ❶在千牛客户端首页点击【交易管理】图标，如图2-74所示；❷再点击【已发货】图标，如图2-75所示。

图 2-74　　　　　图 2-75

第 2 步　在如图 2-76 所示的快递单号处点击，即可查看当前订单的物流信息，如图 2-77 所示。

图　2-76　　　　　　图　2-77

2.3.6　交易成功后进行评价

在交易成功后，卖家可以在手机上使用千牛客户端对买家进行评价。其具体操作步骤如下。

第 1 步　❶ 在千牛客户端首页点击【交易管理】图标，如图 2-78 所示；❷ 再点击【待评价】图标，如图 2-79 所示。

图　2-78　　　　　　图　2-79

第2步 ❶点击要评价的订单中的【评价】按钮,如图2-80所示;可以在文本框中输入评价内容,也可以插入常用短语,❷完成后点击【确定】按钮即可,如图2-81所示。

图 2-80　　　　　　　图 2-81

2.3.7　修改商品名称及商品出售价格

商品发布后,如果需要修改商品名称及商品出售价格,也可以在千牛客户端操作。其具体操作步骤如下。

第1步 ❶在千牛客户端首页点击【商品管理】图标,如图2-82所示;❷再点击【普云商品】界面中的【立即授权】按钮,如图2-83所示。

图 2-82　　　　　　　图 2-83

第2步 ❶ 点击【出售中】图标,如图 2-84 所示;❷ 在打开的页面中点击要修改的宝贝,如图 2-85 所示。

图 2-84

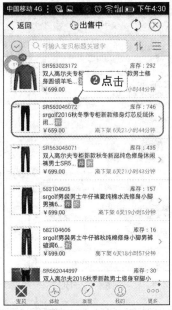

图 2-85

第3步 ❶ 点击宝贝详情中的【编辑基本信息】按钮,如图 2-86 所示。此时,宝贝标题和一口价均是可编辑的状态,❷ 修改宝贝标题,❸ 修改一口价,❹ 完成后点击【保存】按钮即可,如图 2-87 所示。

图 2-86

图 2-87

2.3.8 下架和上架商品

使用千牛工作台，还可以简单地管理店铺中的宝贝，比如，将新货从仓库中上架，将销量不好的商品下架。具体操作步骤如下。

第1步 ❶ 在千牛客户端首页点击【商品管理】图标，如图 2-88 所示；进入【普云商品】界面，❷ 点击【仓库中】图标，如图 2-89 所示。

图 2-88　　　　　图 2-89

第2步 ❶ 在【仓库中】界面点击打开需要上架的商品，如图 2-90 所示；❷ 在【宝贝详情】界面下方点击【上架】按钮，即可将该商品从仓库中上架，如图 2-91 所示。

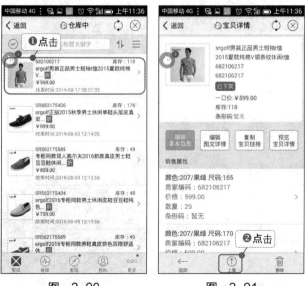

图 2-90　　　　　图 2-91

第3步 ❶在【普云商品】界面点击【出售中】图标,如图2-92所示;❷在打开的【出售中】界面点击需要下架的宝贝,如图2-93所示。

第4步 进入【宝贝详情】界面,❸在下方点击【下架】钮即可,如图2-94所示。

图 2-92

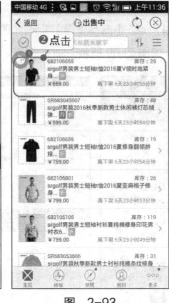
图 2-93

图 2-94

2.3.9 退出账户

将界面退回到千牛首页,点击手机上的退出键,点击【退出】按钮,如图2-95所示。点击提示框中的【确定】按钮,如图2-96所示,即可退出账户。

图 2-95

图 2-96

大师点拨5：在千牛客户端查看店铺流量

作为卖家每天都需要关注店铺的流量变化，在不能使用电脑时，使用手机也可以快速查看到店铺流量。其具体操作步骤如下。

第1步 ❶在千牛客户端首页点击【生意参谋】图标，如图2-97所示。❷点击【生意参谋】页面下方的【分析】图标，如图2-98所示。

图 2-97　　　　　图 2-98

第2步 点击【流量分析】链接，如图2-99所示，即可查看访客数、浏览量、跳失率等数据，如图2-100所示。

图 2-99

图 2-100

大师点拨6：千牛客户端的手机分流

开启千牛客户端的手机分流后，登录千牛手机版等同于登录千牛电脑版，只用手机也能正常接待顾客。开启与关闭手机分流的操作步骤如下。

第1步 登录千牛电脑版，单击工作台按钮，切换至工作台模式，❶单击【插件中心】下方的【旺旺分流】图标，即可开通手机分流，如图2-101所示。

第2步 若要关闭分流，❷单击【旺旺分流】上方的【设置】按钮，如图2-102所示。

图 2-101　　　　　　　　　　图 2-102

第3步 ❶取消选中【开启手机分流】复选框，将其取消，❷再单击【保存】按钮即可，如图2-103所示。

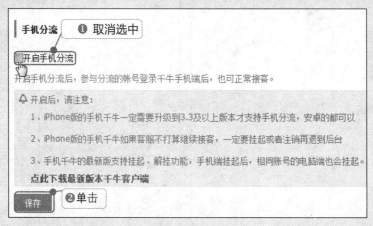

图 2-103

2.4 淘宝网店的编码与库存管理

库存管理对于卖家来说是非常重要的,本节将介绍网店商品编码、网店商品仓储管理的方法。

2.4.1 网店商品编码

商品编码是根据一定规则赋予某种或某类商品以相应的商品代码的过程,是为了便于管理。那么,网店商品编码需要注意些什么呢?

1. 具有唯一性

一个编码只能对应一个产品,不能多个产品用一个编码,这样会引起混乱,失去产品编码的识别作用。规格不同的同种产品也是不同商品项目,要有不同的代码。编码要严格区分商品的不同属性,主要从商品的种类、规格、包装、颜色等几方面考虑。一个完整的商品代码应该包括以下几个元素:供货商信息/产地、商品种类、规格、颜色、包装、上架时间、品质等级。当然,这也需要根据网店的实际情况进行调整。比如,如果供货商只有一家,就不需要供货商信息编码。

2. 容易理解

编码一般控制在 10 个数字以内。要避免出现数字"1"和小写字母"l"、数字"0"和字母"o"这种容易混淆的情况。如果要加入字母,不能出现像"101DH65MU87"这种字母数字多次交叉的情况。编辑要赋予其含义,让工作人员能够从代码中读懂商品的大致信息。

2.4.2 网店商品仓储管理的方法

网店商品仓储管理包括硬件的管理和软件的管理两个方面。

1. 硬件管理

如果存货量较大,需要分货品摆放的区域和流通货品的配货区。配货区一般需要货架,便于摆放,可以对货品摆放位置进行编号,比如,产品摆放在第 1 排第 2 层第 3 列,可以编号为 1—02—03。货品按动销率大的和动销率小的划分区域,区域内按品类划分,要优先拣货商品。

2. 软件管理

如果仓库较大,必须要有规范的管理。在整理配货区的产品时,如果没有规范的管理,将导致配货错乱,影响公司的销售和售后,可以通过仓储管理软件来实现仓库的进出货品数量统计管理。现在一般都是联机的软件管理模式,公司的进销存都是透明的,网店的销售会直接体现在仓管系统里面,包括销额、库存、退款等都可以查看。不仅可以节省大量的人力和时间,也可以让公司高层随时掌握公司的销售情况及库存情况。

大师点拨7：大型活动时期的库存规划

大型活动时期货量的规划要先设立几个评估指数，评估指数包括品类动销率预估、货品售罄率预估、折扣结构、销售增长预估，通过这几个指数的评估，基本可以推测活动时期的货品需求。活动的货品有滞销款，有利润款，滞销款的折扣一定要低，目的是清仓；利润款是主打，要能跑量。货量的多少要提早做市场数据分析，使用搜索指数作为市场需求分析，它能客观地反映消费者的需求指数。

大型活动虽然商品销量巨大，但也需要卖家根据店铺的承载能力量力而为，大型活动时期的库存规划需要注意以下几点。

① 制定目标销量和预估销量，根据供应链分解产品库存，要参考日常店铺SKU销售排行备货，不可能所有商品都数量一样。

② 一些类目需要预包装，要考虑预包装数量和店铺每日包装、发货能力，一般大型活动都会要求商家在几天内发完货。

③ 如果供应链强大，可以在活动期间选择紧急采购，但一定要慎重。如果断货，还可以进行预售，抓紧时间调货。

2.5 手机支付宝的使用

手机支付宝是集手机支付和生活应用为一体的手机软件，通过加密传输、手机认证等安全保障体系，可以随时随地进行付款、转账等。

2.5.1 使用手机支付宝为交易付款

中小卖家在网上进货后可以使用手机支付宝为交易付款，其具体操作步骤如下。

第1步　首先下载手机支付宝，然后双击支付宝图标，打开支付宝，如图2-104所示。

第2步　在支付宝首页，❶点击页面左上方【账单】按钮，如图2-104所示；❷在打开的页面点击要付款的链接，如图2-105所示。

第3步　❶点击【立即付款】按钮，如图2-106所示。输入支付宝的支付密码，❷点击【完成】按钮，即可成功付款，如图2-107所示。

快速开通店铺：手机淘宝店铺的开通与管理 第2章

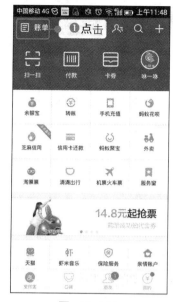

图 2-104

图 2-105

图 2-106

图 2-107

2.5.2 用支付宝给他人转账

通过手机支付宝，可以直接将支付宝中的部分或全部余额支付给指定的支付宝账户或银行卡。转账对于卖家来说是常有的情况。用支付宝给他人转账，具体操作步骤如下。

第1步 登录支付宝首页，❶点击【转账】图标，如图2-108所示。

第2步 进入支付宝【转账】页面后，选择转账类型（转给我的朋友、转到支付宝账户、转到银行卡），这里以"转到银行卡"为例，❷点击【转到银行卡】链接，如图2-109所示。

图 2-108　　　　　图 2-109

第3步　跳转到【转到银行卡】页面，❶输入姓名和卡号，❷输入转账金额，❸点击【下一步】按钮，如图2-110所示。

第4步　确认转账信息，❹点击【确认转账】按钮，如图2-111所示；输入手机支付宝密码即可转账成功。

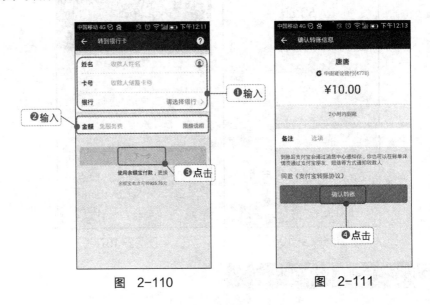

图 2-110　　　　　图 2-111

本 章 小 结

本章主要讲解了淘宝开店前的准备工作、开通PC端淘宝店铺、使用千牛客户端管理手机淘宝店铺和淘宝网店的库存管理等相关内容，通过对本章内容的学习，希望读者能够认识和掌握手机淘宝店铺的开通和管理的技能。

手淘装修必学：手机淘宝网店的视觉营销

本章导读

随着移动购物时代的到来，越来越多的卖家开始重视手机淘宝店铺的装修。视觉作为辅助销售的表现形式，逐渐表现出更多的营销属性，视觉设计与店铺的销售息息相关。那么，要从哪些方面做好视觉设计呢？本章将讲述这些内容。

知识要点

通过本章内容的学习，大家能够学习到如何通过视觉设计要点对店铺进行视觉化的装修。本章需要掌握的相关知识技能如下。

- 各模块的尺寸要求
- 文字的视觉营销
- 色彩的视觉营销
- 版式的视觉营销

3.1 手机淘宝装修要素

在进行手机淘宝装修前,需要了解一些装修的基础知识,本节将介绍手机淘宝各模块的尺寸要求以及手机淘宝网页装修的文字、色彩、版式要素。

3.1.1 各模块的尺寸要求

为什么要进行手机淘宝店铺装修呢?首先,手机端图片缩小后文字会很小,PC 端的一些内容在手机上是看不清楚的。其次,如果没有 Wi-Fi,在手机端看 PC 端的店铺流量的消耗非常大。因此,手机淘宝店铺需要重新装修。在装修前,必须先了解各模块的尺寸要求。在图 3-1 所示的图片中,指示了店标、店招、焦点图、双列图片的位置,下面将介绍它们的尺寸要求。

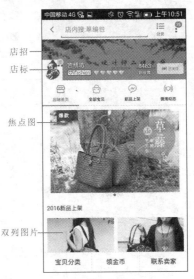

图 3-1

1. 店招设置

图片尺寸建议 640 像素 ×336 像素,大小在 100KB 以内。店招就是店铺的招牌,可以确定整个店铺的整体风格。

2. 店标设置

店铺标志位于店招的左下角，图片尺寸建议 640 像素 ×336 像素，大小在 100KB 以内。

3. 焦点图模块

图片尺寸建议 608 像素 ×304 像素，大小在 100KB 以内。焦点图是首页最重要的位置，买家来到店铺后第一眼看到的就是焦点图，在焦点图中可以设置活动页面或是主推宝贝。

4. 双列图片

图片尺寸建议 296 像素 ×160 像素，大小在 100KB 以内。双列图片是店铺非常重要的一个传送门设置，它能够让顾客快速地找到想要的商品，这个模块最好是放置店铺热销的商品，以促进销售。

3.1.2 文字、色彩、版式

手机淘宝页面五彩缤纷，涌现出大量优秀精美的网页。页面的呈现，无非就是通过文字、图像、色彩与版式来实现。这几块不可或缺，在设计中要整体考虑。图 3-2 所示的设计图，其风格时尚动感，文字、色彩、版式均与其风格相符，整体协调统一。我们将在后面详细介绍手机淘宝装修设计中文字、色彩、版式的设计技巧。

图 3-2

3.2 文字的视觉营销

本节主要介绍标题文字在设计中的使用，文字的编排将在版式设计中做介绍。

3.2.1 字体的分类

1. 印刷体字

作为与"手书体"对应的概念，"印刷体"特指以几何线型组成的字样。印刷体字是安装于电脑中,可以直接使用的字体,常用的字体库有方正字库、文鼎字库、汉仪字库。汉字的基本印刷字体发源于楷体,成熟于宋体,繁衍出仿宋、黑体及现代的多种字体。下面介绍两种常用字体在设计中的使用。

(1)宋体在设计中的使用

宋体横细竖粗,点如瓜子,撇如刀,捺如扫。它在起笔、收笔和笔画转折处吸收楷体的用笔特点,形成修饰性"衬线"的笔型。宋体经过演变后,又有了华文中宋、方正大标宋等在宋体基础上做变化的字体。

宋体本身较细,只适合用于正文中,不适合做标题,加粗变化后的宋体则可以用来做标题字体,图 3-3 所示的标题文字"优雅名媛气质款"用的就是方正大标宋字体。

图 3-3

(2)黑体在设计中的使用

黑体横竖等粗,笔画方正,粗细一致,醒目、粗壮的笔画,具有强烈的视觉冲击力。黑体是受西方无衬线体的影响,于 20 世纪初在日本诞生的印刷体。图 3-4 所示的标题文字"历史最低价 仅此一天"用的即是黑体。

图 3-4

2. 设计字体

设计字体又称为美术字,是经过加工、美化、装饰而成的文字,是一种运用装饰手法美化文字的书写艺术,是艺术加工的实用字体。印刷体是字体设计的基础,而字体设计则是印刷体的发展,它们构成了字体设计的主要内容。

美术字的设计一般先画草图,再在设计软件中制作出来。常用的软件是 CorelDRAW。图 3-5 所示的标题文字即为在印刷体基础上变化后的设计字体。

图 3-5

3.2.2 字体设计的方法

字体设计的方法有笔画性变化和具象性变化。

1. 笔画性变化

抽象的点、横、竖、撇、捺是构成笔画最基础的元素，而笔画又是构成字体的最基本的单位，字体设计首先从笔画开始。笔画性变化有笔形变异和笔画共用两种方法。

（1）笔形变异

对笔画的形态做一定的变异，这种变异是在基本字体的基础上对笔画进行改变。笔形变异有 3 种方法，下面分别介绍。

● 运用统一的形态元素。

运用统一的形态元素即通过对文字的设计，在几个文字中加入相同的元素，但变化不宜过大，要保留文字的可识别性。图 3-6 所示的文字"新势力周"为竖折笔画和圆，整体统一协调，具有美感。

图 3-6

● 在统一形态元素中加入不同的形态元素。

加入不同的形态元素只需要较少的文字，一般为单个字做变化。图 3-7 所示的标题文字"春季出行大放价"中的文字"价"融入了箭头的元素，引导受众的视线。

图 3-7

● 拉长笔画。

拉长笔画是将文字局部的笔画延长，既富有动感又可以起分割版面的作用。图 3-8 所示的文字"最"和"港"都做了拉长笔画的设计，将版面斜向分割，避免了单调乏味，丰富了画面。

图 3-8

（2）笔画共用

既然文字是线条的特殊构成形式，是一种视觉图形。那么，在进行设计时，就可以从纯粹的构成角度，从抽象的线性视点，来理性地看待这些笔画的同异，分析笔画之间相互的内在联系，寻找它们可以共同利用的条件，借用笔画与笔画之间，中文字与拉丁字之间存在的共性，进而巧妙地加以组合。

图 3-9 所示的标题文字"我在春天等你"将文字"我"和"在"的横笔画共用，又将"春"和"天"的横笔画共用。在使用笔画共用时要注意笔画的共用不可牵强，要恰到好处。

图 3-9

2. 具象性变化

根据文字的内容意思,用具体的形象替代字体的某个部分或某一笔画,这些形象可以是写实的或夸张的,但是一定要注意到文字的可识别性。图3-10所示的标题文字中的"羊"即用具象的羊角替换"羊"笔画中的两点。

图 3-10

3.2.3 手机淘宝店铺装修常用流行字设计

本节将介绍描边字、渐变多色字、立体字、镂空字、分割字、折叠字等常用的流行字设计的方法。

1. 描边字

描边是手机淘宝标题文字设计时常用的方法,描边有文字的描边和整体描边两种方式。图3-11所示的描边是对文字的描边,文字间有空隙。

图 3-11

图 3-12 所示的是在描边后再将文字间的空白填补成与描边色相同的色块，使其浑然一体。使用整体描边后还可以第二次描边，要注意的是二次描边的宽度一定要小，否则会显得文字粗笨。

图 3-12

2. 渐变、多色字

渐变色是背景设计中常用的填充方式，同样也可以用于文字的标题，使用渐变色后文字会更富有变化。还可以将文字切割开，填充不同的颜色。图 3-13 所示的手机淘宝首焦图中的文字"品牌团"用的即为此方法。

图 3-13

3. 立体字

立体字也是标题设计中常用的方法，可以为文字添加阴影，以此产生立体效果，如图 3-14 所示。也可以直接在文字上添加立体效果，图 3-15 所示的文字"无 T 恤不夏天"在制作文字的立体效果的同时，还加入了虚线的设计元素。

图 3-14

图 3-15

4. 镂空字

镂空字是将文字的色块去除，其轮廓保留，露出下面的图像。镂空字的使用可以制作出画面的空间感，让空间中的面不再独立存在，而是互动起来。图3-16所示的手机淘宝首焦图有男模、白板、树丛三个面，文字"海量春装新品"镂空后让白板与后面的树丛产生了互动，画面一下就活了起来。

图 3-16

5. 分割字

分割的文字一般起装饰的作用，可以将文字上下分割后移开一定距离，在分割开的空间加入其他内容，也可以从文字中直接去掉一部分，图3-17所示的字母"P"作为装饰图形使用，被直接删除了一部分，用文字"时尚集结令"制作出了将其分割开的效果。

图 3-17

图 3-18 所示的文字"SPRING"也采用了相同的用法。需要注意的是，分割删除的部分不宜过多，否则会影响文字的识别。

图 3-18

6. 折叠字

折叠字可以制作出真实的纸条折叠的效果，图 3-19 所示的文字"拼单"和图 3-20 所示的数字"7"均用了此方法。同时"拼单"还用到了前面讲到的字体设计中笔画共用的方法，图 3-20 还利用文字与产品前后位置的变化形成了一种空间的关系。设计从来不是独立的，将这些方法结合起来，就能设计出完美的作品。

图 3-19

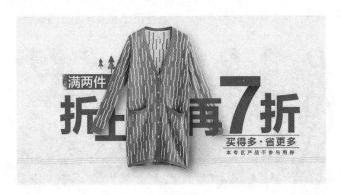

图 3-20

大师点拨 8：超乎想象的文字的魅力

文字的设计过程同时也是创意的过程，创意是设计者的思维水准的体现，是评价设计作品好坏的重要标准。文字可以使我们的作品拥有更丰富的内涵。那么，在设计时要注意些什么，才能让文字发挥出最大的魅力呢？

1. 文字内容与形式结合

无论直接使用印刷体字还是美术字的设计，都要选择适合的字体，什么样的内容就要配什么样的字体。图 3-21 所示的设计图，淡雅的水墨画面传递出浓郁的中国风，用的字体则为毛笔字体。如果使用的是现代字体，则会显得格格不入。

图 3-21

图 3-22 所示的是现代女装的手机首焦图设计，标题字体选用的是纤细的幼圆字体，既时尚又现代。

图 3-22

图 3-23 所示的文案使用的是幽默手法，字体则选择活泼的不规则的字体。同时文字做了大小、上下位置的变化，更显生动可爱。

图 3-23

2. 文字图形化

当你只有一张模特图，而又要做到图版率最大的时候该怎么做？有一种方法可以帮你实现，那就是将文字当图形来使用。图3-24所示的文字"HOT"完全扮演了图形的角色，用此方法时字号一定要大，占版面的比例也要大，否则会显得小家子气，显得不伦不类。

图 3-24

图3-25所示的设计图用霓虹灯组成了文字，新颖独特，让人印象深刻。

图 3-25

3.3 色彩的视觉营销

色彩是视觉营销的支柱，是一个能够吸引消费者，巧妙鼓励他们进行购买的最有力的工具。本节将介绍色彩的视觉营销的相关知识。

3.3.1 色彩的三要素

色彩可用色相（色调）、纯度（饱和度）和明度来描述，人眼看到的任一彩色光都是这三个特性的综合效果。

1. 明度

明度指色彩的明亮程度。色彩分为有彩色与无彩色。无彩色指黑、白、灰，黑、白、灰以外的颜色称为有彩色。在无彩色中明度最高的为白色，明度最低的为黑色；在有彩色中，明度最高的是黄色，明度最低的是紫色，如图 3-26 所示。

图 3-26

在色彩中加入白色，明度变高，在色彩中加入黑色，明度降低。图 3-27 所示的马卡龙背景色，是在鞋子的颜色中加入白色得到的。高明度的淡淡的粉色、浅蓝给人柔美、雅致的感觉。

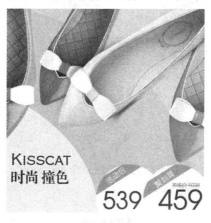

图 3-27

2. 色相

色相是色彩呈现的面貌。在可见光谱上，人的视觉能感受到红、橙、黄、绿、青、蓝、紫不同特征的色彩，人们给这些可以相互区别的色定出名称，如图 3-28 所示。当我们称呼其中某一色的名称时，就会有一个特定的色彩印象。

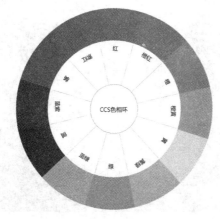

图 3-28

3. 纯度

纯度指色彩的纯净度或饱和度。颜色纯度改变，一般以加无彩色（黑、白、灰）的手段得以实现。在色彩中加入任意颜色，纯度均降低。如图3-29所示，用绿色加入白色得到的淡绿色做主色调，来表现"初夏"。

图 3-29

又如图3-30所示，用绿色的大森林营造出一个童话世界。用绿色加入黑色得到的深绿色做主色调，来表现郁郁葱葱的大森林。

图 3-30

3.3.2 色彩的混合

本节将介绍三原色以及色彩的加色混合与减色混合,在学习了本节后,希望读者能够看到某一种颜色,便知道其是如何混合得到的。

1. 三原色

三原色分为光的三原色与颜料的三原色。光的三原色是红、绿、蓝(蓝紫色);颜料的三原色是红(品红)、黄(柠檬黄)、青(湖蓝)。

2. 加色混合

色光混合变亮,称为加色混合。红绿蓝三光叠加为白,是电脑、电视、手机发光配色原理,成为加色模式,如图3-31所示。

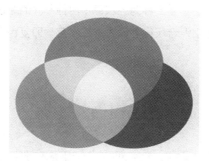

图 3-31

用加色混合可得出如下色彩。

红光 + 绿光 = 黄光

红光 + 蓝紫光 = 品红光

蓝紫光 + 绿光 = 青光

红光 + 绿光 + 蓝紫光 = 白光

红光 + 绿光(不同比例)→橙、黄、黄绿

红光 + 蓝紫光(不同比例)→品红、红紫、紫红蓝

紫光 + 绿光(不同比例)→绿蓝、青、青绿

红光(不同比例)+ 绿光(不同比例)+ 蓝紫光(不同比例)→更多的颜色

3. 减色混合

颜料混合变暗,称为减色混合。有色物体(包括颜料)能够显色,是因为物体对光谱中的色光选择吸收和反射的结果。两种以上的色料混合在一起,部分光谱色光被吸收,光亮度被降低。印染染料、绘画颜料、印刷油墨等各色的混合或重叠,都属于减色混合。品红、柠檬黄、青3种颜料原色加在一起,混成黑色,称为减色混合,如图3-32所示。

图 3-32

用减色混合可得出如下色彩。

品红 + 黄 = 红（白光 – 绿光 – 蓝光）

青 + 黄 = 绿（白光 – 红光 – 蓝光）

青 + 品红 = 蓝（白光 – 红光 – 绿光）

品红 + 青 + 黄 = 黑（白光 – 绿光 – 红光 – 蓝光）

品红、黄、青三原色在色彩学上称为一次色；两种不同的原色相混合所得的色称为二次色，即间色；两种不同间色相混合所得色称为第三次色，即复色。

问：学习了色彩的混和后，让我们来分析下面这张首焦图中的蓝绿背景是如何混色得到的呢？

答：下面是颜料三原色混色得到的24色环图，可以看到首焦图中的蓝绿背景是通过三原色中黄色与青色的混合得到的。再加入黑色可以使颜色变暗，加入白色使颜色变亮。如果对颜色的混色掌握得不好，可以购买绘画颜料进行混色练习。

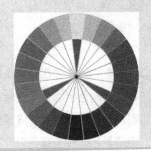

3.3.3 色彩的情感

不同的颜色会给人不同的心理感受,让人产生不同的情感。每种色彩在饱和度、透明度上略微变化就会产生不同的感觉。在装修手机淘宝网店时,一定要注意色彩情感的正确应用,因为情感会影响顾客的购买欲望。

1. 红色

红色是最具有视觉冲击力的色彩,暗示速度和动态。可以刺激心跳速度、加快呼吸、刺激食欲。红色让人联想到激情、爱情、鲜血、能量、热心、激动、热量、力量、热情、活力等。图 3-33 所示的手机淘宝首页用红色渲染热闹的气氛。

图 3-33

2. 黄色

黄色是人眼睛最容易注意到的色彩,比纯白色的亮度还要高。明亮的黄色是所有色彩中最容易让人产生疲劳感的颜色,它很刺激人的眼睛。暗淡的黄色可以加强人们的注意力,所以多应用于提示牌。黄色让人联想到聪明、才智、乐观、光辉、喜悦、明快、希望、光明和明媚等。图 3-34 所示的首页用黄色可以促进人的食欲,产生购买欲望。

图 3-34

3. 绿色

绿色是所有色彩中最能让人的眼睛放松的色彩，绿色对人的精神有镇静和恢复的功效，通常在医院中使用，能让病人放松。通常绿色的意义是"通行"，还有秩序的意义。绿色可以促进消化，还可以减轻胃痛。绿色让人联想到和平、安全、生长、新鲜、丰产、金钱、种植、康复、成功、自然、和谐、诚实和青春等。图3-35所示的首页中端午活动大面积的绿色让人联想到粽叶。

图 3-35

4. 蓝色

蓝色抑制食欲，让人没有胃口；能让人的身体分泌安定素，放松身体；在蓝色的环境中工作效率比较高；蓝色的服装通常会体现出一种忠诚和信赖的意味。蓝色让人联想到学识、凉爽、和平、神秘、沉思、忠诚、正义、智慧、平静、悠久、理智、深远、无限、理想、永恒等。图3-36所示的深蓝的夜空营造出一种神秘的氛围。

图 3-36

5. 紫色

紫色代表着一种娇柔的、浪漫的品性，通常与中性化产生联系。自然界中很难找到紫色，所以紫色有一种"人造"的意义。古代用紫色染料洗染的衣物，只有贵族和富有的人才能够穿上。紫色能够激发人们的想象力，因此通常用来装饰儿童的房间。紫色让人联想到优雅、高贵、神秘、女性化、奢侈、智慧、财富和高尚等。图3-37所示的化妆品页面的紫色背景给人女性化、高贵的感觉。

图 3-37

6. 黑色

黑色能让和它相配的颜色看上去更明亮。色彩治疗学认为，黑色可以激发自信和力量。黑色让人联想到权力、威信、重量、诡异、高雅、仪式、严肃、高贵、孤独、神秘、严肃、刚健和坚实等。图 3-38 所示的黑色让人联想到高端品质。

7. 白色

白色是最完美平衡的颜色。白色太明亮，会引起某些人群的头疼感；白光会引起暂时的失明；白色经常会同上帝、天使联系起来。白色让人联想到清洁、神圣、洁白、纯洁、纯真、神秘、完美、美德、柔软、庄严、简洁和真实等。图 3-39 所示的白色背景营造出简洁、超然的画面感。

图 3-38　　　　图 3-39

8. 灰色

灰色通常不能引起观众比较强烈的情感变化，灰色是白色和黑色平衡的结果，灰色的补色也是其本身。灰色让人联想到安全、可信、谦虚、成熟、智能、才智和平凡等。图 3-40 所示为一女装店页面设计，从服装的款式和颜色可以看出，品牌的风格简洁、干练，背景用中性灰很好地诠释了这一概念。

图 3-40

3.3.4 色彩的知觉心理

色彩在明度、纯度上不同的变化会给人不同的触觉及重量感，不同的色相也会给人不同的冷暖感。

1. 色彩的软硬感

色彩的软硬感主要取决于明度和纯度，与色相关系不大。明度较高，而纯度又低的色彩有柔软感。图 3-41 所示的淡淡的马卡龙色让人觉得柔软。明度低，纯度高的色彩有坚硬感，如图 3-42 所示。

图 3-41　　　　　　　　　　　图 3-42

图 3-43 所示的低明度、高纯度的紫色和洋红色衬托的画面，给人坚硬的感觉，与坚硬的西装风格相符。图 3-44 所示的高明度、低纯度的粉色衬托的画面，给人柔软的感觉，与甜美的服装风格相符。

图 3-43

图 3-44

2. 色彩的冷暖

冷色有靛青、紫、蓝、绿等，暖色有红、橙、黄等，如图 3-45 所示。黑白灰既不是冷色，也不是暖色，为中性色。冷色平静镇定，舒缓淡泊；暖色生动活泼，积极有力。

图 3-45

色相的冷暖给人相应的兴奋与沉静感。暖色系予人以兴奋感，冷色系予人以沉静感。图 3-46 所示的跨年狂欢周首焦图中，大面积的红色给人热闹、兴奋的感觉。

图 3-46

图 3-47 所示的首焦图以淡蓝的大海为背景,给人清爽、沉静的感觉。

图 3-47

3. 色彩的重量感

色彩重量感与明度、纯度、色相有关。就色相来讲,冷色轻,暖色重。明度高的颜色、冷色显得轻,如图 3-48 所示。明度低的颜色、暖色显得重,如图 3-49 所示。

图 3-48　　　　　　　　　　　图 3-49

明度相同时,纯度高的比纯度低的感觉轻,图 3-50 所示的高纯度的颜色显得轻,图 3-51 所示的低纯度的颜色显得重。

图 3-50　　　　　　　　　　　图 3-51

图3-52所示的淘宝页面，背景为红色加黑色的低明度、纯度颜色，显得重。

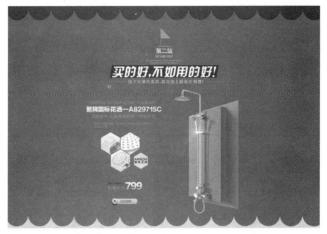

图 3-52

图3-53所示的淘宝页面，背景为红色加白色的高明度颜色，显得重。

图 3-53

大师点拨9：手机淘宝店铺装修配色

手机淘宝店铺装修配色分为单张图内部配色和网店整体配色两种，下面将分别介绍它们的配色方法。

1. 单张图内部配色

对于手机淘宝店铺单张图内部的配色，配色的元素有图形、文字、背景色。在配色时颜色要和内容相符，如图3-54所示的三张图，分别是植物、冰泉、樱花系列的护肤品，产品的包装色分别是绿色、蓝色与粉色。下面来看在手机淘宝图中是如何配色的。首先看背景，作为系列图，背景中都有天空，然后分别是白花绿叶、蓝色天空映衬下的冰川、粉红的樱花，所选图形及颜色紧扣产品。再来看文字的颜色，植物的文字用的是绿色，冰川的文字用的是白色，樱花的文字用的是粉色。用此方法，便可轻松地搭配出满意的颜色。

图 3-54

  文字与图形颜色的选择,还要考虑单张图内部的整体搭配,颜色不宜过多,多则乱。选择图中已有的颜色即可,让同一颜色或其明度、纯度稍做变化后的颜色多次重复出现。图 3-55 所示模特的服装只有红、白、蓝三种颜色,背景的颜色也只有红、白、蓝三种颜色,与服装色彩呼应,整体统一协调。同时服装中的点元素也被用到了背景图形的设计中。

图 3-55

图3-56所示的标题文字中,蓝色是海面的颜色,洋红色是床单中花朵的颜色,整体颜色协调统一,给人以舒适的视觉享受。

图 3-56

2. 整体配色

在设计手机淘宝首页时,还要考虑其整体的配色。整体配色要求颜色与内容相符,整体协调统一。图3-57所示是一家卖粽子的网店,其主色调为绿色。图3-58所示是一家高品质女装店,主色调是能表现简洁、高端的灰、白两色。

图 3-57　　　　　图 3-58

3.4 版式的视觉营销

同色彩的视觉营销一样,一个页面布局好,且能让消费者看得轻松、愿意看的版式,也能影响店铺的销售。本节将介绍版式的视觉营销的相关知识。

3.4.1 什么是版式设计

版式设计,就是在版面上有限的平面"面积"内,根据主题内容要求,运用所掌握的美学知识,进行版面分割,将版面构成要素中的文字、图片等进行组合排列,设计出美观实用的版面。

3.4.2 版式设计的基本类型

版式设计的基本类型有满版型、上下分割型、左右分割型、曲线型、倾斜型、对称型、中心型、三角型和并置形。

1. 满版型

版面以图像充满整版,主要以图像为诉求,视觉传达直观而强烈。文字的配置压置在上下、左右或中部的图像上。满版型给人以大方、舒展的感觉,是商品广告常用的形式。图 3-59 所示为满版型版式。

图 3-59

2. 上下分割型

把整个版面分为上下两个部分,在上半部或下半部配置图片,另一部分则配置文案。配置有图片的部分感性而有活力,而文案部分则理性而静止。上下部分配置的图片可以是一幅或多幅。图 3-60 所示为上下分割型版式。

图 3-60

3. 左右分割型

把整个版面分割为左右两个部分，分别在左或右配置文案。当左右两部分形成强弱对比时，则造成视觉心理的不平衡。这仅仅是视觉习惯上的问题，也自然不如上下分割的视觉流畅自然。不过，倘若将分割线虚化处理，或用文字进行左右重复或穿插，左右图文则变得自然和谐。图 3-61 所示为左右分割型版式。

图 3-61

4. 曲线型

将图片或文字在版面结构上做曲线的编排构成，产生节奏和韵律。图 3-62 所示为曲线型版式。

5. 倾斜型

把版面主体形象或多幅图版做倾斜编排，造成版面强烈的动感和不稳定因素，引人注目。图 3-63 所示为倾斜型版式。

图 3-62

图 3-63

6. 对称型

对称的版式给人稳定、庄重、理性的感觉。对称有绝对对称和相对对称，一般多采用相对对称，以避免过于严谨。对称一般以左右对称居多。图3-64所示为绝对对称型版式。图3-65所示为相对对称型版式。

图 3-64

图 3-65

7. 中心型

中心型版式产生视觉焦点，使之强烈而突出。中心有三种概念，一是直接以独立而轮廓分明的形象占据版面中心；二是视觉元素向版面中心聚拢运动的向心；三是犹如将石子投入水中，产生一圈圈向外扩散的弧线运动的离心。图3-66所示为中心型版式。

图 3-66

8. 三角型

在圆形、四方形、三角形等基本形态中，正三角形（金字塔形）是最安全稳定的形态，而圆形和倒三角形则给人以动感和不稳定感。图3-67所示为三角型版式。

图 3-67

9. 并置型

将相同或不同的图片做大小相同而位置不同的重复排列。并置构成的版面有比较、说解的意味，给予原本复杂喧嚣的版面以次序、安静、调和与节奏感。图3-68所示为并置型版式。

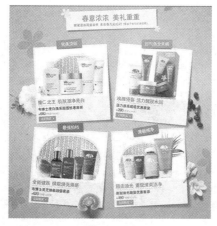

图 3-68

3.4.3 版式空间的编排关系

版面构成要注意三维空间的编排关系，本节将介绍版式的比例关系与位置关系。

1. 比例关系

版式的比例关系是指版面的横纵分割比例，有黄金分割、根号2、九宫格几种比例，下面将分别介绍。

（1）黄金分割

黄金比最早是由古代希腊人发现的，它的比值约为 1.618∶1 或 1∶0.618。黄金比广泛用于造型艺术中，具有美学价值，尤其在工艺美术和工业设计的长和宽的比例设计中容易产生美感。在实际运用中，黄金比多只采用近似值。最简单的方法是按照数列2、3、5、8⋯得出 2∶3、3∶5、5∶8 等比值作为近似值。图3-69所示为黄金分割比例。

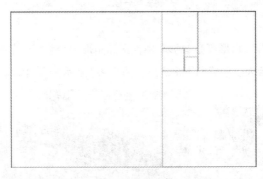

图 3-69

（2）根号2

现代设计中比较有时代感的中心分割，通常是采用"根号2"即 1.414 的比例，图3-70所示即为根号2的分割比例。

图 3-70

（3）九宫格

人们发现九宫格的 4 条线交会的 4 个点是人们的视觉最敏感的地方，国外的摄影理论里把这 4 个点称为"趣味中心"。图 3-71 所示的首焦图，以"井"字形均等地划分页面，将文字等重要信息放在交叉点上，利用趣味中心吸引受众的兴趣。

图　3-71

2. 位置关系

位置关系指文字与图形的位置关系，有前后叠压的位置关系和疏密的位置关系两种形式，这两种形式均可产生空间感。

（1）前后叠压的位置关系

前后叠压的位置关系产生强节奏的三维空间层次，如图 3-72 所示，叠压在模特身后的英文，给人强烈的空间感，这类文字一般作为图形使用，起装饰的作用，对可识别性无要求。同时 T 恤上的图案巧妙地放在了文字与模特之间，又形成了一级空间。将服装上的图形作为背景图形使用，也是一种创意设计的方法。

图　3-72

（2）疏密的位置关系产生的空间层次

疏密的位置关系可以产生空间层次感。如图 3-73 所示，主体集中于画面中心，以大三角形图形做装饰，两侧分散的稀疏的位置及透明度变化的小三角形与中间的主体形成一种空间层次感。

图 3-73

3.4.4 文字编排设计的 4 种形式

文字编排设计有左右均齐、齐中、齐左或齐右几种形式,下面将分别介绍。

1. 左右均齐

文字从左端到右端的长度均齐,呈矩形排列,字群显得端正、严谨、美观,如图 3-74 所示。

图 3-74

2. 齐中

以中心为轴线,两端字距相等。其特点是视线更集中,中心更突出,整体性更强。用文字齐中排列的方式配置图片时,文字的中轴线最好与图片中轴线对齐,以取得版面视线的统一,如图 3-75 所示。

图 3-75

3. 齐左或齐右

齐左或齐右的排列方式有松有紧,有虚有实,能自由呼吸,飘逸而有节奏感。左或右取齐,行首或行尾自然就产生出一条清晰的垂直线,在与图形的配合上易协调和取得同一视点。齐左显得自然,符合人们阅读时视线移动的习惯,如图 3-76 所示。

图 3-76

齐右就不太符合人们阅读的习惯及心理,因而少用。但以齐右的方式编排文字会显得新颖,如图 3-77 所示。

图 3-77

资源下载码:51783

大师点拨10：版式设计的平衡构图

平衡可理解为相对的对称，相对于对称具有更为丰富的形态。平衡的构图关系，能给人一种安定平和的形式美感。平衡的构图形式有居中、对角线、左图右字、左字右图几种。

1. 居中构图

居中构图是最常用到的构图方式，是把主体置于中轴线上，如图3-78所示。这种构图方式让人的视觉焦点集中在画面中心，将信息快速传达给受众。

图 3-78

2. 对角线构图

画面的主体集中在对角线上的构图形式称为对角线构图，如图3-79所示。为了保持构图的连贯，把重要文字放在画面重心，不重要的文字元素，可以放到对角线以外的位置。

图 3-79

3. 左图右字或左字右图

左图右字或左字右图的构图方式就像天平的两端，内容均等便可达到平衡。但如果完全按照重量来配比文字，会让画面显得机械与呆板，画面的灵性也会被束缚，同时，最重要的层次关系也会因为重量的完全相等而无法分清。所以，左右两端相对平衡即可，图3-80所示为左图右字的构图形式。

图 3-80

本 章 小 结

本章主要讲解了手机淘宝装修各模块的尺寸要求、文字的视觉营销、色彩的视觉营销、版式的视觉营销等内容，通过本章内容的学习，希望读者能够掌握手机淘宝视觉设计的方法，设计出优秀的手机淘宝店铺页面，以促进店铺的销售。

手淘装修必会：快速装修与设计手机淘宝网店

本章导读

因电脑端与手机端的屏幕长宽比不同、打开速度不同等因素，手机淘宝店铺需要重新装修。手机淘宝店铺的装修比电脑端简单很多，本章详细介绍手机淘宝店铺装修的方法，读者学习完本章后能轻松地完成手机淘宝店铺的装修。

知识要点

通过本章内容的学习，大家能够学习到如何快速装修与设计手机淘宝网店。本章需要掌握的相关技能知识如下。

- 手淘页面装修基础
- 移动端首页装修
- 手机淘宝详情页装修

4.1 手机淘宝的页面基本装修

好的店铺才能吸引顾客，才能增加成交的概率。手机淘宝店铺也是一样，卖家必须重视无线端店铺的装修。本节主要介绍手机淘宝店铺装修的入口、相关装修元素，以及首页、详情页的装修方法等内容。

4.1.1 手机淘宝装修入口

通过浏览器在淘宝网页登录卖家账号后，进入卖家中心，即可开始我们的无线装修之旅。

第1步 在【卖家中心】的页面左侧找到【店铺管理】选项，在右侧单击展开按钮显示此选项下所有菜单，单击【手机淘宝店铺】链接，如图4-1所示。

第2步 进入手机淘宝店铺页面后，页面中间会显示无线店铺选项，单击选项中的【立即装修】链接，如图4-2所示。

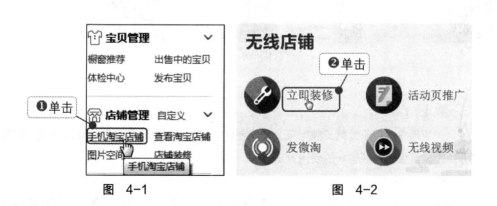

图 4-1　　　　　　　　　　图 4-2

第3步 进入无线运营中心，在页面中单击【店铺首页】链接，如图4-3所示。进入【手机淘宝店铺首页】页面，页面中有3个部分，左侧是各个装修组件，中间是手机模型，右侧是编辑区域，如图4-4所示。

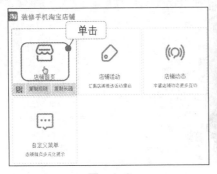

图 4-3

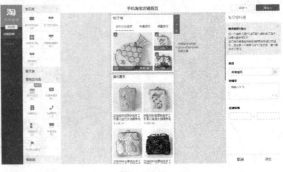

图 4-4

4.1.2 手机淘宝基本装修元素

当进入手机淘宝装修页面以后，在页面左侧有宝贝类、图文类、营销互动类、智能类等装修组件，如图 4-5 所示。这些组件是可以任意添加、删除和编辑的。

图 4-5

1. 宝贝类组件

宝贝类组件主要用于放置王牌宝贝、爆款宝贝，并有分类引导和宝贝归类的作用。下面分别介绍宝贝类组件中各模块的使用方法。

（1）单列宝贝模块

单列宝贝模块用于在无线端首页以单独显示一个宝贝的方式存在，最多可连续添加 5 个模块，其具体操作步骤如下。

第 1 步 ❶ 在左侧模块区将鼠标指针指向需要添加的模块，如图 4-6 所示。❷ 拖动指定的模块到右侧的手机页面中需要的位置，此时鼠标指针旁显示所指定的模块缩略图，如图 4-7 所示。

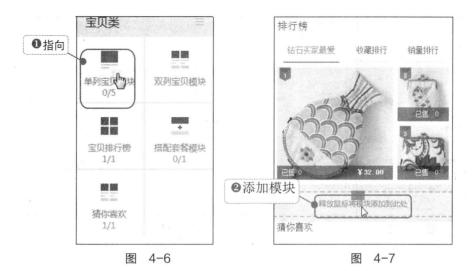

图 4-6　　　　　　　　　图 4-7

第2步　释放鼠标后，即可在【手机淘宝首页】页面成功添加指定的模块，如图4-8所示。成功添加模块后，单击可选中模块，此时右侧会出现编辑区域。单击右侧推荐类型后的【手动推荐】单选按钮，可设置添加显示的宝贝，如图4-9所示。

图 4-8　　　　　　　　　图 4-9

第3步　❶ 单击【添加】按钮，如图4-10所示。❷ 在打开的页面中选择添加的宝贝，❸ 完成后单击右下角的【完成】按钮，如图4-11所示。

第4步　在右侧的编辑栏中显示新的宝贝，单击【确定】按钮，如图4-12所示。添加的单列宝贝模块中的宝贝换成了新的宝贝，如图4-13所示。

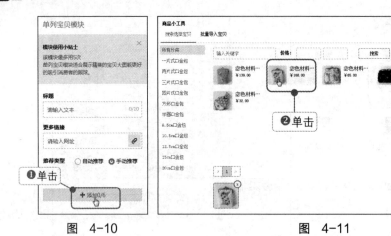

图 4-10　　　　　　　　　　　图 4-11

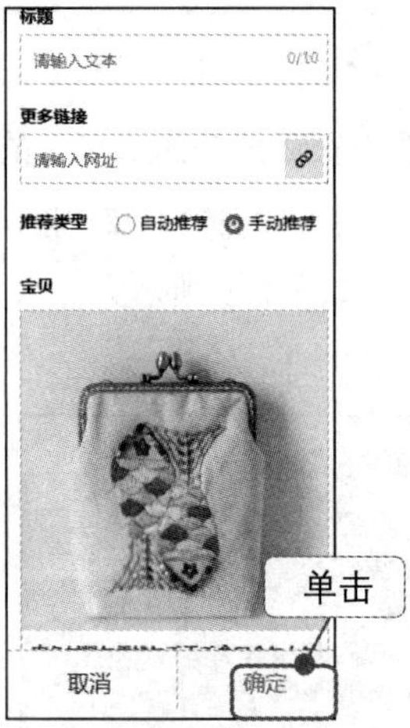

图 4-12 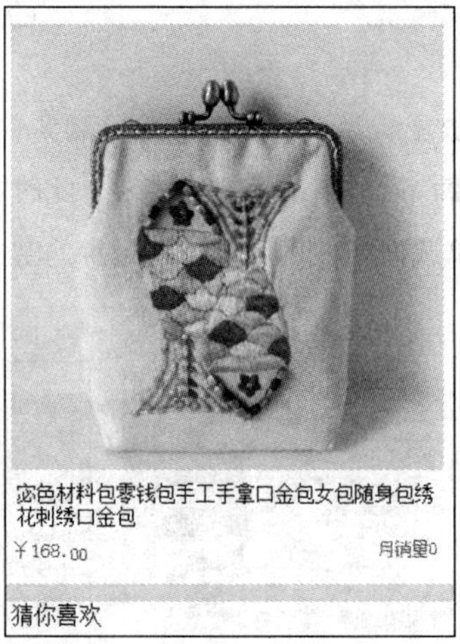　　　　　　　　　　　图 4-13

第5步 在右侧的编辑栏中显示新的宝贝，单击【发布】按钮，如图4-14所示，即可在手机淘宝店铺首页显示。

图 4-14

第 6 步 选中模块,在模块的右上方会出现 3 个按钮,如图 4-15 所示,单击"向上"按钮 ,可以使当前模块向上移动,如图 4-16 所示,单击"向下"按钮 ,可以使当前模块向下移动。

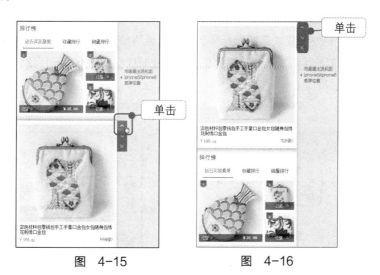

图 4-15　　　　　　图 4-16

第 7 步 如果需要删除添加的模块,单击右上角的"删除"按钮 ,如图 4-17 所示即可将当前模块删除,如图 4-18 所示。

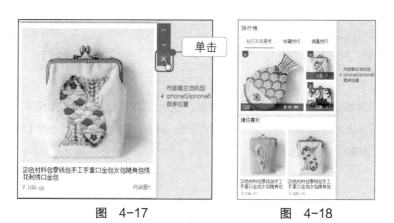

图 4-17　　　　　　图 4-18

第 8 步 最后将鼠标指针指向装修页面右上角的【发布】按钮,在弹出的下拉列表中单击发布的形式,若是立即发布,选择【立即发布】形式,若要在以后的某个时间发布,选择【定时发布】形式,如图 4-19 所示。

图 4-19

（2）双列宝贝模块

双列宝贝模块是宝贝以双列的方式展示，使用频率较高，一个模块最多可添加6个宝贝，模块可添加数量没有上限。添加模块后并选中，可在右侧对模块的各个选项进行设置，其具体操作步骤如下。

第1步　❶在左侧模块区将鼠标指针指向需要添加的模块，如图4-20所示。❷拖动指定的模块到右侧的手机页面中所需的位置上，此时鼠标指针旁显示所指定的模块缩略图，如图4-21所示。

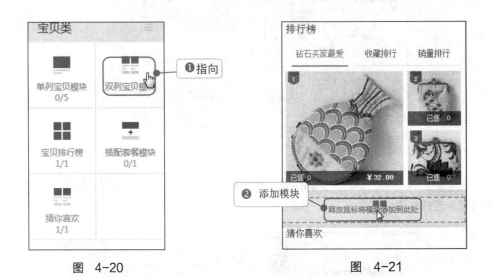

图 4-20　　　　　　　　　　图 4-21

第2步　释放鼠标后，即可在手机淘宝首页成功添加指定的模块，如图4-22所示。成功添加模块后，单击可选中模块，此时右侧会出现编辑区域。在【宝贝个数】下拉列表中可以设置个数，如图4-23所示。

图 4-22　　　　　　　　　　图 4-23

第3步 此时，在首页的双列宝贝模块中宝贝显示为2个，如图4-24所示。单击右侧推荐类型后的【手动推荐】单选按钮，可设置添加显示的宝贝，如图4-25所示。

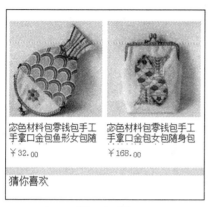

图 4-24

图 4-25

第4步 宝贝的选择是默认的，若要改变宝贝可执行以下操作。❶单击【添加】按钮，如图4-26所示，❷在打开的页面中选择新的宝贝，❸单击【完成】按钮，如图4-27所示。

图 4-26

图 4-27

第5步 在编辑栏中可看到添加的宝贝，如图4-28所示。❶若要继续添加宝贝，可再单击【添加】按钮，❷在打开的页面中选择新的宝贝，❸单击【完成】按钮，如图4-29所示，在编辑栏中可看到添加的宝贝。

第6步 ❶如果要删除不需要的宝贝，可将鼠标指针放到要删除的宝贝上面，单击【删除】按钮，如图4-30所示。❷在弹出的提示框中单击【确定】按钮，如图4-31所示。

 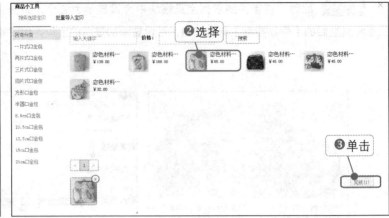

图 4-28　　　　　　　　　　图 4-29

图 4-30　　　　　　　　　　图 4-31

第7步 删除宝贝后的效果如图 4-32 所示，若要继续删除宝贝，使用相同的方法即可。编辑完后，单击编辑栏下方的【确定】按钮，如图 4-33 所示，在首页中可查看添加的双列宝贝模块的效果，如图 4-34 所示。

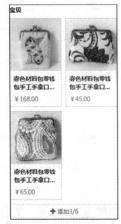　　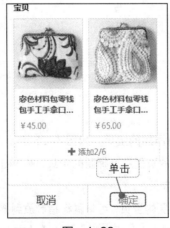　　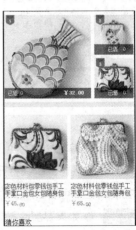

图 4-32　　　　　　　图 4-33　　　　　　　图 4-34

(3)宝贝排行榜模块

宝贝排行榜模块用于显示店铺中宝贝的各种排行,有"钻石买家最爱""收藏排行""销量排行"3种排列方式。右侧可对宝贝类目、关键字等进行设置,具体操作步骤如下。

第1步 在左侧模块区将鼠标指针指向"宝贝排行榜"模块,按住鼠标左键不放,拖动到首页要添加此模块的位置后释放鼠标,即可添加模块,如图4-35所示。在编辑栏的类目中选择分类,如图4-36所示。

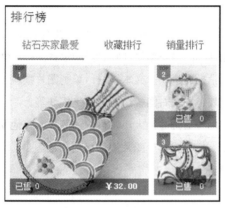 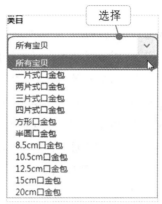

图 4-35　　　　　　　　　　图 4-36

第2步 ❶设置价格筛选,❷单击【确定】按钮,如图4-37所示。图4-38所示为筛选后的排行榜。

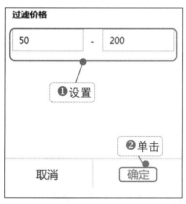 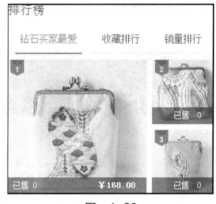

图 4-37　　　　　　　　　　图 4-38

第3步 在对宝贝排行榜类目进行选择时,应注意所选类目的宝贝需要超过3个,使用此模板才能生效,若小于3个,显示为图4-39所示的效果。

图 4-39

（4）搭配套餐模块

该模块无数据不会在手机客户端显示，该模块是搭配套餐模块，不可编辑。与PC端的搭配套餐是通用的，必须要订购官方的搭配套餐和设置了搭配套餐，才能使用。

（5）猜你喜欢模块

猜你喜欢模块通过推荐算法计算出买家感兴趣的商品，并以一排两个的形式进行排列展示，不可编辑。

2. 图文类组件

图文类模块是使用最多的模块，包括文字和图片模块，用于为手机淘宝页面添加首焦、海报、宝贝分类、宝贝展示等。图文类组件中的模块给设计师更多的设计空间，使设计师可以更加灵活地设计出理想的页面。其中包括标题模块、文本模块、单列图片模块、双列图片模块、多图模块、辅助线模块、焦点图模块、左文右图模块、自定义模块等。

在图文类组件中，自定义模块可以自由设置图片的大小，再设计图片，其他模块需要根据系统提示的尺寸进行设计。最后可为设计好的文字或图片添加标题和链接。

下面，介绍一些常用模块的操作与设置方法。

（1）视频模块

使用视频模块可以在手机淘宝首页中添加视频，具体操作步骤如下。

第1步　在左侧模块区将鼠标指针指向"视频模块"，按住鼠标左键不放，拖动到首页要添加此模块的位置后释放鼠标，即可添加模块，如图4-40所示。在编辑栏中添加视频区域处单击，如图4-41所示。

图 4-40

图 4-41

第2步　❶在打开的页面单击图4-42所示的区域，❷在打开的对话框中选择要添加的视频文件，❸单击【打开】按钮即可，如图4-43所示。

图 4-42

图 4-43

（2）标题模块

标题模块用于在手机淘宝页面中添加有链接的文本信息，拖动指定模块到页面中后，可到右侧设置具体文本，可输入20个文字，单击链接小工具可为该文本添加需要的链接。具体操作步骤如下。

第1步 在左侧模块区将鼠标指针指向"标题模块"，按住鼠标左键不放，拖动到首页要添加此模块的位置后释放鼠标，即可添加模块，如图4-44所示。❶在右边的编辑栏中输入标题文字，❷单击【确定】按钮，如图4-45所示。

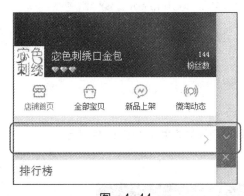
图 4-44

图 4-45

问：如何为手机淘宝装修模块中的文字、图片等添加链接呢？

答：以上图为例，介绍在手机淘宝装修模块中的文字、图片等添加链接的方法。单击链接文本框后面的链接小工具，如图4-46所示。在打开的【链接小工具】面板中单击要添加链接种类的标签，如【宝贝分类链接】，单击所选分类后面的【选择链接】按钮，如图4-47所示。

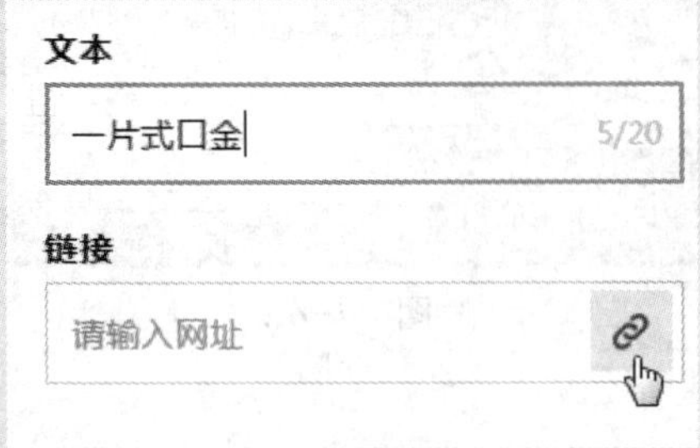

图 4-46

图 4-47

这样便可将链接添加到模块中，如图4-48所示。装修模块中所有添加链接的方法与此相同。

图 4-48

第2步 在手机淘宝首页可查看标题模块的效果，如图4-49所示。

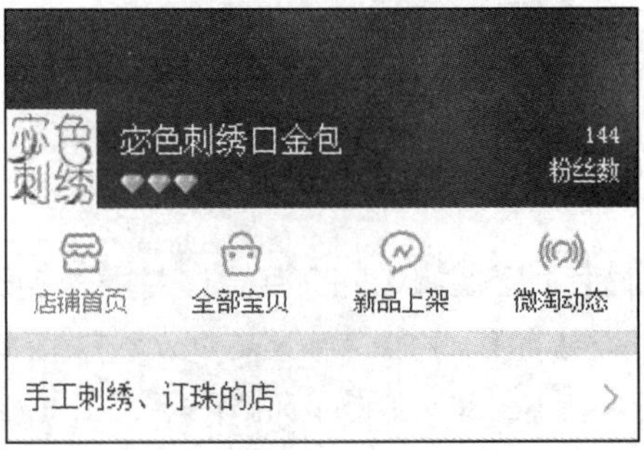

图 4-49

（3）文本模块

文本模块用于在手机淘宝页面中添加无链接的提示性文本信息，可用于引导下面的模块、分割优化首页结构空间等，内容可以是公告展示、联系方式等。具体操作步骤如下。

第1步 在左侧模块区将鼠标指针指向"文本模块"，按住鼠标左键不放，拖动到首页要添加此模块的位置后释放鼠标，即可添加模块。

第2步 ❶在右边的编辑栏中输入文本，❷单击【确定】按钮，如图4-50所示。在手机淘宝首页可查看文本模块的效果，如图4-51所示。

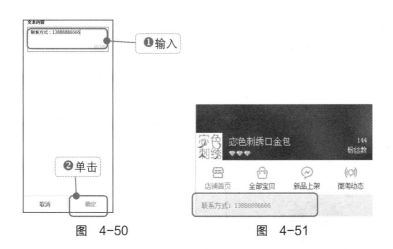

图 4-50　　　　　　　　图 4-51

（4）单列图片模块

单列图片模块是在首页添加单张图的形式，类似首屏海报一样，主要作用是通过图片对产品或者店铺活动进行聚焦，吸引顾客注意力，单列模块图片尺寸设置为608像素×336像素，图片格式为jpg或png。具体操作步骤如下。

第1步 在左侧模块区将鼠标指针指向"单列图片模块"，按住鼠标左键不放，拖动到首页要添加此模块的位置后释放鼠标，即可添加模块。

第2步 ❶在编辑栏中添加单列图片区域处单击，如图4-52所示。❷在打开的页面中单击【点击上传】按钮，如图4-53所示。

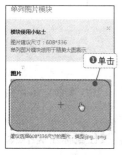 

图 4-52　　　　　　　　　　　　　图 4-53

第3步 ❶在打开的对话框中选择图片，❷单击【打开】按钮，如图4-54所示。❸在打开的页面单击【上传】按钮，如图4-55所示。

图 4-54

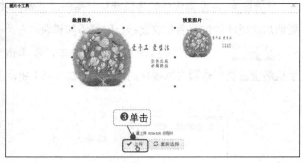
图 4-55

第4步 在编辑栏单击【确定】按钮，如图4-56所示。在手机淘宝首页可查看单列图片模块的效果，如图4-57所示。

图 4-56

图 4-57

（5）双列图片模块

双列图片模块用于添加两张图片进行展示，图片尺寸为296像素×160像素，图片格式为jpg或png。具体操作步骤如下。

第1步 在左侧模块区将鼠标指针指向"双列图片模块"图标，按住鼠标左键不放，拖动到首页要添加此模块的位置后释放鼠标，即可添加模块。

第2步 ❶在编辑栏第一张图片添加双列图片区域处单击如图4-58所示。❷在打开的页面中单击【点击上传】按钮，如图4-59所示。

图 4-58

图 4-59

第3步 ❶在打开的对话框中选择图片，❷单击【打开】按钮，如图4-60所示。❸在打开的页面单击【上传】按钮，如图4-61所示。

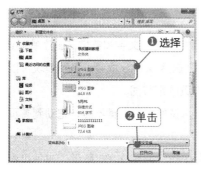
图 4-60

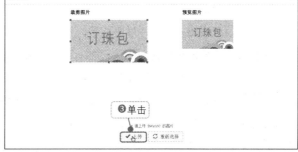
图 4-61

第4步 在编辑栏第二张图片添加双列图片区域处单击，如图4-62所示。用相同的方法添加图片，如图4-63所示。

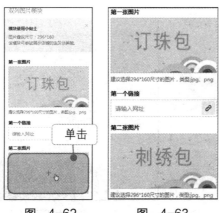
图 4-62　　　图 4-63

第5步 ❶为图片添加链接,前面已介绍过添加链接的方法,这里不再赘述,❷单击【确定】按钮,如图4-64所示。在手机淘宝首页可查看双列图片模块的效果,如图4-65所示。

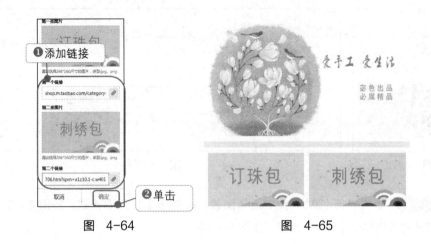

图 4-64　　　　　　　　图 4-65

（6）多图模块

多图模块可添加多张图片进行展示,并可以为图片添加标题、文字和链接,图片最多6个,最少3个,多图模块是可以滑动的,建议尺寸为248像素×146像素。多图模块可以用于优惠券展示,也可用于热卖宝贝、宝贝推荐展示或宝贝的细节图。

第1步 在左侧模块区将鼠标指针指向"多图模块",按住鼠标左键不放,拖动到首页要添加此模块的位置后释放鼠标,即可添加模块。

第2步 在编辑栏中添加多张图片,单击【确定】按钮,如图4-66所示。在手机淘宝首页可查看双列图片模块的效果,如图4-67所示。

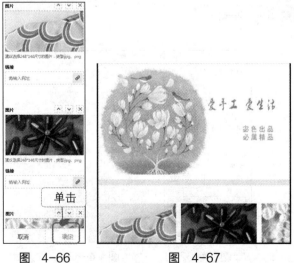

图 4-66　　　　　　　　图 4-67

（7）辅助线模块

辅助线可清晰划分区域，创造出舒适空间，促进精准分类，节省页面流量。辅助线不可进行编辑，是一条虚线，一般较少使用。

在左侧模块区将鼠标指针指向"辅助线模块"，按住鼠标左键不放，拖动到首页要添加此模块的位置后释放鼠标，即可添加模块，添加辅助线模块后的效果如图4-68所示。

图 4-68

（8）焦点图模块

焦点图模块可以添加几张图片进行轮播展示，类似PC端的全屏轮播海报，可以节约展示空间，图片最多4个，最少2个，建议选择608像素×304像素尺寸的图片，类型为jpg或png，可为图片添加文字和链接。

（9）左文右图模块

左文右图也是在首页添加一张单独的图片进行展示，可作为店铺爆款展示，与单列模块和焦点图模块有类似作用，等同于电脑端的banner，所以在设计页面时，可以在这3种形式中选择一种适合自己的即可。不同的是，此模块不需要将文字设计在图片上，只需要将背景图设计好，输入文字即可。

第1步　在左侧模块区将鼠标指针指向"左文右图模块"，按住鼠标左键不放，拖动到首页要添加此模块的位置后释放鼠标，即可添加模块。

第2步　❶在编辑栏中添加图片及文字，❷单击【确定】按钮，如图4-69所示。在手机淘宝首页可查看左文右图模块的效果，如图4-70所示。

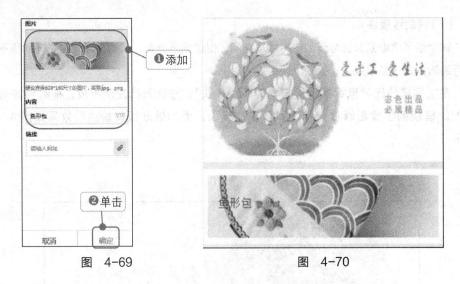

图 4-69　　　　　　　　　　图 4-70

(10) 自定义模块

自定义模块是用法最为灵活的一个模块，适用于各种店铺装修效果，特别是具有创意的装修非常好用。此模块最多可以添加 10 个，每一个模块可添加 10 个子模块，在手机模型中添加此模块后，模块中显示很多正方形小格子，模块上方红色文字区域可拖动创建子模块。具体操作步骤如下。

第 1 步　在左侧模块区将鼠标指针指向"自定义模块"，按住鼠标左键不放，拖动到首页要添加此模块的位置后释放鼠标，即可添加模块，如图 4-71 所示。拖动红色区域，将子模块大小拖动到与格子重叠的线上，如图 4-72 所示。

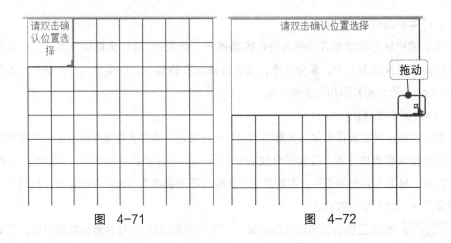

图 4-71　　　　　　　　　　图 4-72

第 2 步　在此格子内空白处双击确定第一个子模块，模块区域呈灰色显示，如图 4-73 所示。❶在页面右边的编辑栏中选择好图片并设置好链接，❷单击【确定】按钮，如图 4-74 所示。

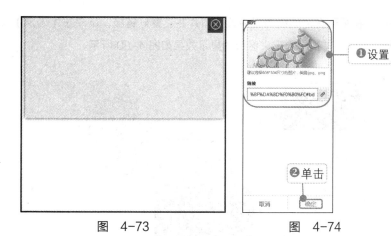

图 4-73　　　　　　　图 4-74

第3步　此时，首页中自定义区域的显示效果如图 4-75 所示。在添加的图片下方的左边空白处单击，再次显示自定义方格，如图 4-76 所示。

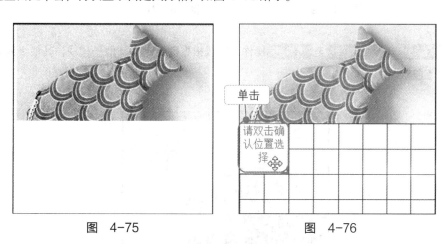

图 4-75　　　　　　　图 4-76

第4步　❶拖动红色区域，将子模块范围拖动到与格子重叠的线上，如图 4-77 所示。
❷在此格子内空白处双击确定第二个子模块，如图 4-78 所示。

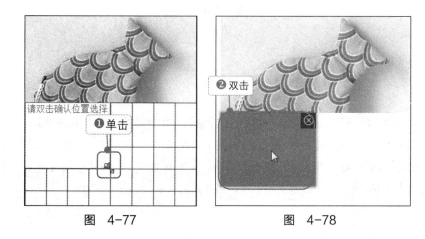

图 4-77　　　　　　　图 4-78

第5步　❶在页面右边的编辑栏中选择图片并设置好链接，❷单击【确定】按钮，如图4-79所示。此时，首页中自定义区域的显示效果如图4-80所示。

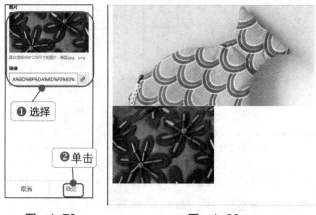

图　4-79　　　　　　图　4-80

第6步　重复 第1步 至 第5步 操作，可以根据需要定义其他子模块，其最终效果如图4-81所示。

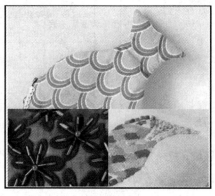

图　4-81

问：可以先将自定义模块的位置设置好，再为各区域添加图片吗？

答：除了上面介绍的方法，还可以先将自定义模块的位置设置好，再为各区域添加图片。图4-82所示为先设置好的区域，以灰色显示，选中单个模块后，其外部会有阴影呈现。图4-83所示是为其添加图片后的效果。

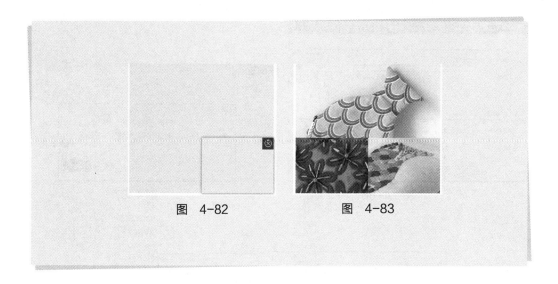

图 4-82　　　　　　　　　图 4-83

3. 营销互动类组件

营销互动类组件主要用于店铺营销，在店铺开展活动时发放优惠券、红包等，渲染店铺气氛。包括优惠券模块、红包模块、电话模块、活动组件、专享活动、活动模块中心等，下面举例介绍相关营销模块的添加方法。

（1）店铺红包

在手机淘宝首面中可以设置店铺红包，设置具体步骤如下。

第1步　在左侧模块区将鼠标指针指向【营销互动类】中的【店铺红包】，按住鼠标左键不放，拖动到首页要添加此模块的位置后释放鼠标，即可添加模块，如图 4-84 所示。在编辑栏中单击【店铺红包设置入口】链接，如图 4-85 所示。

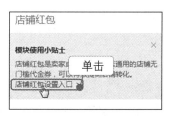

图 4-84　　　　　　　　　图 4-85

第2步　❶在页面中设置【活动名称】【活动时间】等内容，❷选择买家领取条件为【收藏店铺】，如图 4-86 所示。❸单击【确定并保存】按钮，❹在弹出的提示框中单击【确定】按钮，如图 4-87 所示。

第3步　店铺红包创建成功后会出现图 4-88 所示的页面，在手机淘宝首页单击【收藏店铺】链接，如图 4-89 所示。

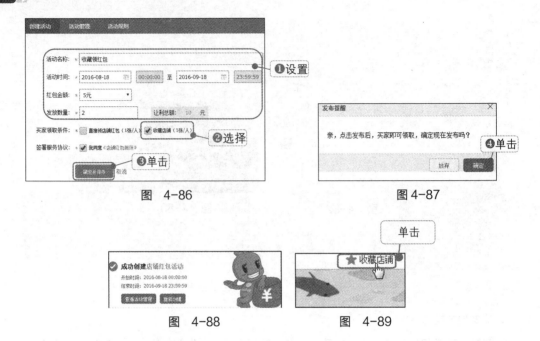

图 4-86　　　　　　　　　　　　图 4-87

图 4-88　　　　　　　　　　　　图 4-89

第4步 可以看到收藏页面中出现了送红包的内容,如图4-90所示。下面选择另一种收藏方式,❶ 选择买家领取条件为【直接领店铺红包】,如图4-91所示;❷ 单击【确定并保存】按钮。

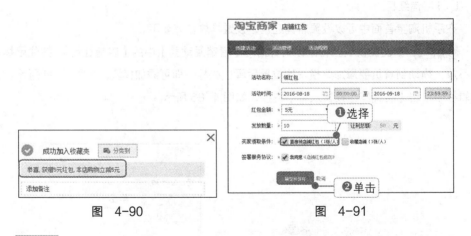

图 4-90　　　　　　　　　　　　图 4-91

第5步 在打开的提示框中单击【确定】按钮,如图4-92所示。在手机淘宝首页中可以查看到设置好的店铺红包收藏,如图4-93所示。

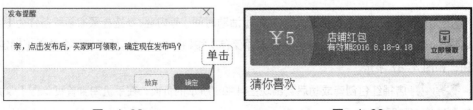

图 4-92　　　　　　　　　　　　图 4-93

问：设置店铺红包有什么好处呢？

答：设置店铺红包能有效提升店铺成交转化率，同时还可以更好地回馈老客户，用以对将宝贝加入购物车、收藏夹的用户，或已买过你的宝贝的用户做精准推送。

（2）电话模块

手机淘宝首页还可以添加【电话】模块，具体操作步骤如下。

第1步 在左侧模块区将鼠标指针指向"营销互动类"中的"电话模板"，按住鼠标左键不放，拖动到首页要添加此模块的位置后释放鼠标，即可添加模块。❶在编辑栏中输入电话，❷单击【确定】按钮，如图4-94所示。

第2步 在手机淘宝首页中可以查看到设置好的电话模板，如图4-95所示。

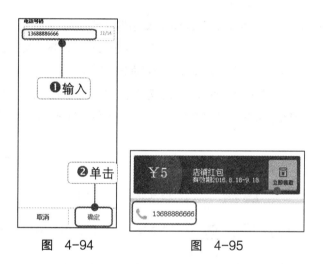

图 4-94　　　　　图 4-95

4. 智能类组件

智能类组件中最常用的是新老顾客模块，设置此模块后，新顾客和老顾客在此模块中看到的图片是不一样的。新顾客顾名思义是第一次进入店铺的顾客，老顾客是180天内在店铺内购买过的顾客，通过这个模块可以对新老顾客进行营销，更好地提高个性化的运营能力，图片尺寸为608像素×336像素。

将新老顾客模块拖动到手机模型中后，在右侧编辑区单击【添加】按钮，即可添加设计好上传到图片空间中的图片。分别将老顾客图片和新顾客图片添加好后，单击按钮还可为图片添加不同链接。

系统会根据进店的新老顾客，分别给他们展示不同的图片。而我们为图片添加不同的链接，可针对不同顾客的营销，并将新老顾客分流到更精准的无线页面中去，如图4-96所示。

图 4-96

4.2 手机淘宝首页的其他装修

移动端首页装修比 PC 端的首页装修要简单很多，本节将介绍移动端首页装修布局、设置移动端店招和首页备份的方法。

4.2.1 首页装修布局

与电脑端相同，在对无线端进行装修前需要根据自己店铺的实际情况，对无线页面的内容进行调整和规划。至于首页，最基本的 3 点是保证页面的浏览速度、保证视觉效果、保证营销氛围。根据这条思路我们来对首页的内容进行如下规划。

无线端首页装修中，必不可少的装修元素为店招、首屏、产品分类和宝贝推荐，如图 4-97 所示。优惠券和红包在店铺有活动时添加，一年四季的每个节日都可以为店铺开展活动，打造出营销氛围。

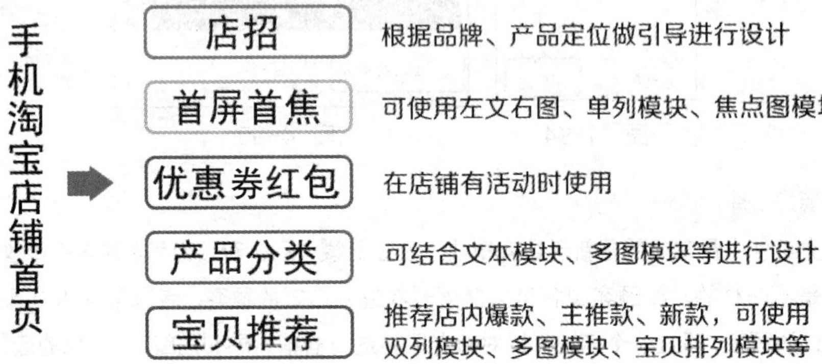

图 4-97

4.2.2 设置移动端店招

移动端店招范围小，适合将店铺中最需要展示的东西展示出来，可根据店铺需要展示产品、品牌文化、当前活动等，设置移动端店招的具体步骤如下。

第1步　在【卖家中心】页面左侧找到【店铺管理】选项，单击右侧的展开按钮 ⌄ 显示此选项下所有菜单，单击【手机淘宝店铺】链接。进入【手机淘宝店铺】页面后，页面中间会显示无线店铺选项，单击选项中的【立即装修】链接。进入无线运营中心，在页面中单击【店铺首页】链接。

第2步　❶ 在店招区域处单击，如图 4-98 所示。❷ 在右边的编辑栏单击【重新上传】链接，如图 4-99 所示。

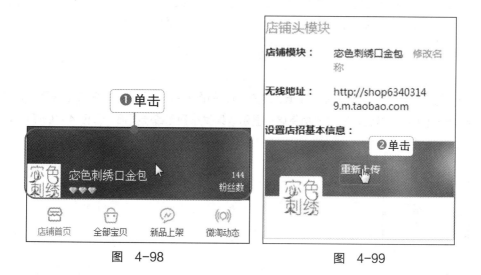

图 4-98　　　　　　　　　　图 4-99

第3步　❶ 单击【上传新图片】按钮，如图 4-100 所示。❷ 在打开的页面中单击【点击上传】按钮，如图 4-101 所示。

图 4-100　　　　　　　　　　图 4-101

第4步　❶ 在【打开】对话框中选择设计好的店招，❷ 单击【打开】按钮，如图 4-102 所示。此时，窗口中显示所选的店招图片，❸ 单击下方的【上传】按钮，如图 4-103 所示。

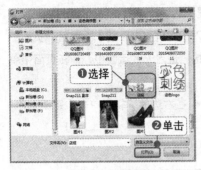
图 4-102

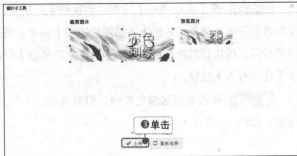
图 4-103

第5步 ❶单击编辑区域的【确定】按钮,如图4-104所示。❷单击【保存】按钮,❸再单击【发布】按钮,即可成功将店招显示效果发布到无线端页面,如图4-105所示。

图 4-104

图 4-105

4.2.3 自定义菜单装修

手机店铺还可以通过自定义菜单装修自定义首页下方的菜单,具体操作步骤如下。

第1步 在【卖家中心】单击【店铺管理】选项下的【手机淘宝店铺】链接,进入【手机淘宝店铺】页面后单击选项中的【立即装修】链接,❶在无线运营中心页面中单击【自定义菜单】链接,如图4-106所示。❷单击右上角的【创建模板】按钮,如图4-107所示。

图 4-106

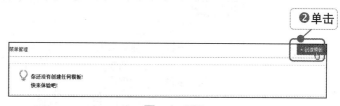

图 4-107

第2步 ❶输入模板名称，❷单击【下一步】按钮，如图4-108所示。❸选中要添加的菜单的选项，如图4-109所示。

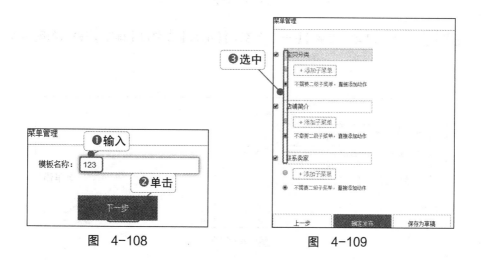

图 4-108　　　　　　　　　图 4-109

第3步 在下边的手机预览中可以查看菜单效果，如图4-110所示。在菜单中还可以添加子菜单，单击【添加子菜单】选项，如图4-111所示。

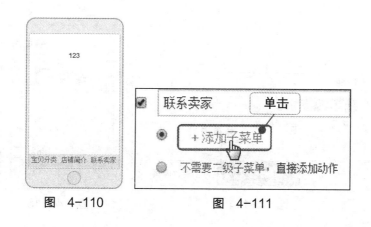

图 4-110　　　　　　　　　图 4-111

第4步 在【动作名称】下拉列表中选择动作,如【电话】,如图4-112所示。

图 4-112

第5步 ❶输入【动作名称】【子菜单名称】【电话】,❷单击【确定】按钮,如图4-113所示。

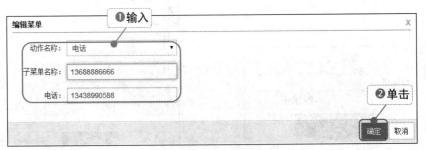

图 4-113

第6步 ❶单击【确定发布】按钮,如图4-114所示。❷设置后不需要此操作时,可以单击【删除】按钮,将其删除,如图4-115所示。

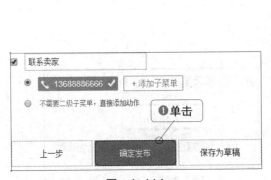

图 4-114

图 4-115

大师点拨 11：首页备份与还原

首页备份是很重要的一件事情，经常备份，养成好习惯，日后如果编辑出错，就可以随时进行恢复，这样就不用担心编辑出错。

第1步 在【卖家中心】的页面左侧找到【店铺管理】选项，❶单击选项栏里面的【店铺装修】链接，如图4-116所示。❷再单击【装修】选项下拉菜单中的【模板管理】链接，如图4-117所示。

图 4-116　　　　　　　　　图 4-117

第2步 ❶单击【备份与还原】按钮，如图4-118所示。❷在打开的页面中输入"备份名"和"备注"，❸单击【确认】按钮即可，如图4-119所示。

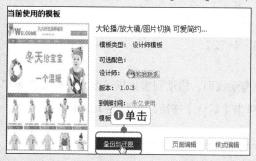

图 4-118　　　　　　　　　图 4-119

第3步 备份后如需还原，❶单击同一面板中的【还原】标签，❷选择要还原的备份，❸再单击【应用备份】按钮即可，如图4-120所示。

图 4-120

4.3 手机淘宝的详情页装修

手机淘宝详情页既可以从 PC 端导入，也可以使用模板。本节将介绍 PC 端详情页导入、利用"神笔"快速制作无线详情页的方法。

4.3.1 PC 端详情页导入

如果 PC 端宝贝详情页装修不复杂，大部分图片是干净利落的产品展示和小部分文字说明，不会影响在无线端的显示效果时，可以直接使用 PC 端的宝贝详情页来生成无线端的详情页。具体操作步骤如下。

第1步 在出售的宝贝中选择一款需要添加无线端详情页的宝贝，单击此宝贝最右侧的【编辑宝贝】链接，如图 4-121 所示。

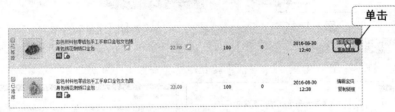

图 4-121

第2步 进入宝贝的编辑页面，向下拖动页面，拖动到宝贝描述区域，❶在此窗口下方单击【生成手机版宝贝详情】按钮，❷单击【确认】按钮，如图 4-122 所示。

图 4-122

第3步 单击【手机端】选项卡，可以看到，手机端已经生成了与 PC 端相同的宝贝详情页，如图 4-123 所示。

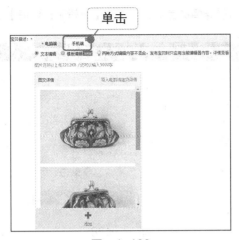

图 4-123

4.3.2 利用"神笔"快速制作无线详情页

淘宝神笔就是详情页的装修模板，是免费使用的。使用模板后，卖家只需要把自己店里的宝贝图片替换就可以了，具体操作步骤如下。

第1步 输入网址进入淘宝神笔（xiangqing.taobao.com），如图 4-124 所示。单击上方的【模板市场】链接进入模板市场，如图 4-125 所示。

图 4-124　　　　　　　　　　　图 4-125

第2步 ❶单击选择要使用的模板，如图 4-126 所示。❷单击【立即使用】按钮，如图 4-127 所示。

图 4-126　　　　　　　　　　　图 4-127

第3步　❶选中要编辑详情的宝贝，❷单击【编辑手机详情】按钮，如图 4-128 所示。

图　4-128

第4步　进入图 4-129 所示的模板页面，❶在要替换的图片上单击将其激活，❷单击左上角的"替换图片"按钮，如图 4-130 所示。

图　4-129　　　　　　　　　　　　图　4-130

第5步　在打开的页面中选择宝贝图片，如图 4-131 所示，即可将原模板中的图片用宝贝图片替换，如图 4-132 所示。

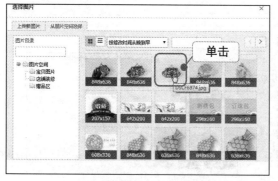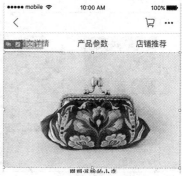

图　4-131　　　　　　　　　　　　图　4-132

第6步 若激活后单击左上方的"编辑图片"按钮，如图4-133所示，则可以拖动编辑图片的位置，如图4-134所示。

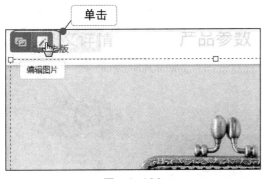

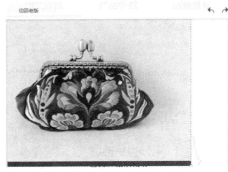

图 4-133

图 4-134

第7步 如果想要撤销操作，单击图4-135所示的"撤销"按钮即可。

图 4-135

第8步 除了替换图片以外，还可以编辑模块中的文字，在文字上单击即可将其激活，如图4-136所示。还可以设置文字的字体、字号、颜色等属性。

图 4-136

第9步 详情页模板制作好后可以进行预览,单击【预览】按钮,如图4-137所示。图4-138所示为在手机中的预览效果。

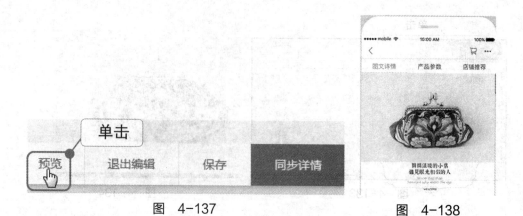

图 4-137　　　　　　图 4-138

第10步 ❶单击【同步详情】按钮,如图4-139所示。❷在打开的页面中选中【我明确了解同步详情会覆盖现有的宝贝详情页面】选项,❸单击【确定同步】按钮,如图4-140所示,即可将新的模板详情页应用到手机详情页中。

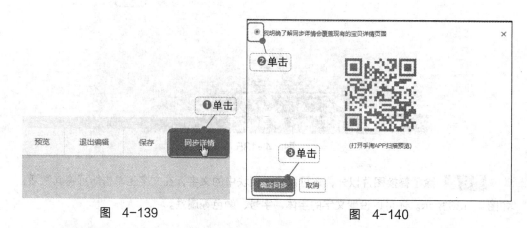

图 4-139　　　　　　图 4-140

第11步 同步成功后会出现图4-141所示的【手机端宝贝详情同步成功】页面。

图 4-141

下面介绍将所有宝贝详情应用同一模板的方法。

第1步 在【淘宝神笔】首页单击【模板管理】链接，如图4-142所示。

图 4-142

第2步 在打开的页面可以看到使用过的模板，如图4-143所示。单击【立即使用】按钮，重复前面的操作，即可对其他宝贝使用相同的模板。

图 4-143

问：如果觉得所选的模板中的模块太多，如何删除不需要的模块呢？

答：在模块上单击，激活模块，单击激活的模块右上方的"删除"按钮即可删除当前模块，如图4-144所示。

图 4-144

本 章 小 结

本章主要讲解了手淘页面装修基础、移动端首页装修、手机淘宝详情页装修等相关内容，希望通过本章内容的学习，读者能够认识和掌握手机淘宝网店的装修技能。

第5章

站内推广必会：直通车、钻展、淘宝客

本章导读

在将店铺装修好之后，卖家不能只被动地等待顾客上门，还需要利用各种途径对店铺以及商品进行宣传与推广。本章将介绍利用直通车、钻展、淘宝客等进行站内推广的方法。

知识要点

通过本章内容的学习，大家能够学习到如何在站内进行淘宝店铺推广的方法。本章需要掌握的相关技能知识如下。

- 无线钻展推广
- 手机无线直通车推广
- 淘宝客推广
- 手机端其他运营推广

5.1 无线钻展推广

钻石展位是淘宝图片类广告位自动竞价平台，是专为有更高信息发布需求的卖家量身定制的产品。它精选了淘宝最优质的展示位置，其主要优势在于它不仅可以推广单品，还可以推广整个店铺。钻石展位是按展现收费的，因其性价比高，更适于店铺、品牌及爆款的推广。

5.1.1 无线钻展展示位置

钻石展位是按照流量竞价售卖广告位的，计费单位是"每千次浏览单价"（CPM），即广告所在的页面被打开1000次所需要收取的费用。钻石展位不仅适合发布宝贝信息，更适合发布店铺促销、店铺活动、店铺品牌的推广。如图5-1所示淘宝首页一屏的广告就是钻石展位。

图 5-1

5.1.2 无线钻展发布入口

下面介绍无线钻展的发布入口，其具体操作步骤如下。

第1步 ❶登录我的淘宝，进入【卖家中心】，单击【营销中心】栏中的【我要推广】链接，如图5-2所示。进入推广页面，❷单击【智钻】中的【立即登顶】按钮，如图5-3所示。

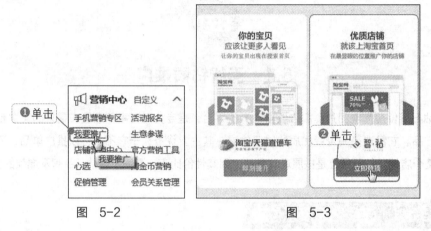

图 5-2　　　　　　　　　　图 5-3

第2步 ❶单击【资源位】链接，如图5-4所示。❷在打开的页面中选中【无线设备】复选框即可，如图5-5所示。

图 5-4　　　　　　　　　　图 5-5

5.1.3 无线钻展投放技巧

钻石展位是按展示收费的，只要有买家浏览页面，你的广告有展现就要收费。不过它是按每展示1000次收一次费用，而且不同的广告位收费也不一样。这是由于各个位置给出的图片尺寸不一样，收费价格也会有差别。

1. 竞价一定要冷静

找到最适合自己店铺的广告投放位置，并且根据利润及销售量计算出能够承受的价位，当有较多的人抢这个位置的时候，能抢到固然好，但是超出预算的话可以看一看其他位置是否合适。

建议在开始竞价前先研究自己选中的广告位的特征，以及最近的出价数据，看准了、算好了再出手，切忌不顾一切地去抢广告位，有时候一时冲动，有可能不小心抢到了不适合自己商品的展位。

2. 科学出价

不是出价越高越好，钻石展位和直通车的竞价是不一样的，直通车竞价是争抢商品排名，而钻石展位竞价只是为了获得优先投放的权利。

这两种展位的区别很好理解，直通车展位是出价最高的广告排在最前面；而钻石展位出价最高的广告获得被优先投放的权利，也就是说出价最高的广告先被投放，投放完毕后才轮到出价在第二名的广告进行投放。至于广告展示多久，和广告竞价的高低无关，当然要看预算了，预算充足，能扛得住，就展示时间长一点。

在流量没有被购买完的情况下，我们应该竞价尽量低，才可以在相同的预算下拿到最多的流量。

当然，有些卖家是挑时间段的，比如他一定要在上午10：00—11：00投放广告，因为一个比较短的时间段内的流量有限，所以取得优先权就很必要。

3. 快速竞价

每天在15：00之前几分钟是竞价最激烈的时候，很多卖家往往在前几秒出价或加价。所以，创建了投放计划后，可以利用创建快速竞价迅速抢位。

4. 什么时间最好

选择白天还是晚上展示，不同时段流量也不一样。购物高峰期流量相当大，那些排在前面的预算可能很快就用完了，轮到后面的那些出价比较低的卖家展示，因此有个小技巧，我们做预算可以选择流量比较大的时候，在这段时间内出价可以相对较低，但是预算要足，这样我们才能出价比较低，又能买到大流量。有些卖家只求出价低，但是你买不到流量，或者展示了没几分钟就下来了，这样就失去了钻石展位的意义了。

问：钻石展位的投放有什么规则呢？

答： 钻石展位的投放有以下几条规则，下面分别介绍。

① 系统每天15：00后自动提交计划进行竞价投放。

② 系统会提供过去7天竞价的数据给用户查看。

③ 如果没有足够的余额，自动停止第二天的计划投放，所以用户在计划投放前一天的15：00之前，保证消费账户有一天预算金额，否则将会因为金额不足而停止投放。

④ 在同一天同一个时段内CPM出价高的计划优先投放。

⑤ 如果计划分为多个小时段投放，系统将会根据实际的流量情况以小时为单位平

滑消耗。

⑥如果计划的投放达到日预算限制自动停止投放,系统保证每天消耗不超出账户的日预算限制。

⑦如果计划有多个,展示图片将会被随机轮播显示。

⑧允许在15:00之前调整计划的基本信息。具体内容包括CPM出价、日预算、展示图片、开始结束日期、时段等信息。修改完成后需要等到次日才能生效。

⑨允许暂停投放中的计划,并在次日生效。

⑩不允许用户当天强行终止投放中的计划。如果有特殊情况请提交客服人员。

⑪用户可以随时充值消费账户,充值使用的支付宝为淘宝账户绑定的支付宝。

⑫系统每天15:00后从用户的消费账户冻结计划第二天的预算。

⑬系统每天凌晨自动结算消耗金额,并返回消费账户计划前一天的消耗余额。

⑭如果计划被竞价成功投放,该计划的实际投放结算价格将按低于当前CPM价格的下一位有效出价加0.1元进行结算。

5.2 手机无线直通车推广

现在很多店铺都陆续地开通了无线直通车,也有很多C店的无线端流量已经占到了80%以上。无线直通车目前已被越来越多的卖家接受并使用。而且目前"淘宝网"主推"无线端淘宝APP",在智能手机阵营中,Android系统和苹果iOS系统各分半壁江山,那么如何在频繁更新的淘宝无线客户端中玩转淘宝直通车无线端呢?

5.2.1 分析手机淘宝无线用户

在设置无线直通车之前,需要分析无线端的主要人群与无线上网浏览时间,这样卖家才能准确地投放,使其产生最大的作用,增加浏览量,促成交易。下面针对使用无线的用户进行以下分析。

1. 无线端用户的年龄

据统计,无线手机端的用户主要集中在30岁以下,如图5-6所示。

2. 无线端用户的访问时间

据相关信息表明,晚上0:00到早上10:00的区间,用户都喜欢用手机购物;早上10:00到晚上10:00,用户接触到PC的时间会更多一点,所以基本在PC上购物;晚上10:00之后,又达到了手机购物的高峰。所以说早上10:00与晚上10:00是手机购物关键的时间点。上下班时间流量较大,但是转化率较差,建议适当降低投放比例。

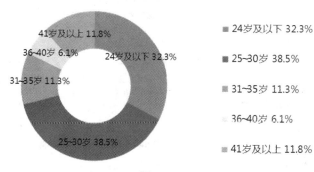

图 5-6

3. 无线端用户的访问时间高潮

对于时间的控制，新手卖家要把握时机，计划最佳投放时间段。无线端访问时间，白天最高峰是午饭时间以及之后的休息时间，13：00 是峰值，晚上 18：00 之后持续上升，一直上升到 21：00—22：00 达到最高峰，23：00—24：00 也比白天高，凌晨 0：00—1：00 也不错，属于熬夜党。

4. 手机无线端用户的访问场景

晚上睡觉前、不想利用电脑上网时、午休时、出差等时间都会用手机购物。利用手机网购的目的：37% 的人会查看订单信息、物流信息；27% 的人会查找需要的商品；12% 的人会参加活动等。

5.2.2 手机直通车展现位置

如今无线端投放的点击率是非常高的，原因是在无线端第一个位置就是直通车广告位。图 5-7 所示左上角带有"HOT"字样的宝贝就是参加手机直通车活动的。一般搜索页面中，第一个位置及靠前的位置都有手机直通车的广告展示位置。

5.2.3 设置无线直通车宝贝投放

手机直通车的投放方式与 PC 端的投放方式类似，但是在选择投放平台时一定要选择手机平台投放。其具体操作步骤如下。

第 1 步 ❶登录【我的淘宝】首页，进入【卖家中心】页面，单击【营销中心】栏中的【我要推广】链接，如图 5-8 所示。❷进入推广页面，单击【淘宝/天猫直通车】栏中的【即刻提升】按钮，如图 5-9 所示。

图 5-7

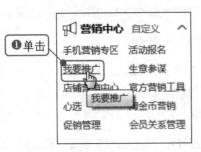
图 5-8

图 5-9

第2步 ❶ 在打开的页面中单击【新建推广计划】按钮,如图5-10所示。❷ 输入【推广计划名称】,❸ 单击【提交】按钮,如图5-11所示。

图 5-10

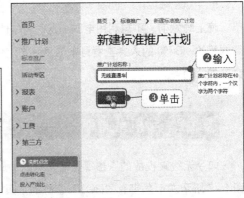
图 5-11

第3步 此时会打开图5-12所示的页面,提示"已成功创建推广计划"。❶ 单击左侧的【标准推广】链接,❷ 再单击新建好的推广计划链接,如图5-13所示。

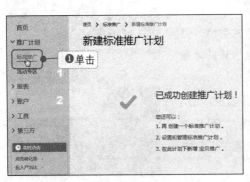
图 5-12

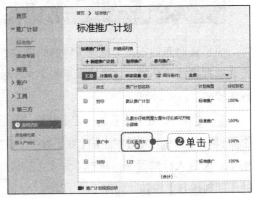
图 5-13

第4步 ❶单击【设置投放平台】按钮,如图5-14所示。❷设置投放移动设备推广的平台,❸单击【保存设置】按钮,如图5-15所示。

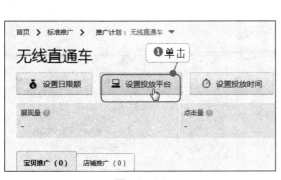

图 5-14

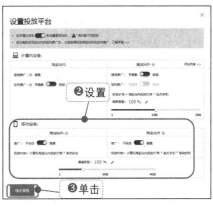

图 5-15

第5步 ❶单击【新建宝贝推广】按钮,如图5-16所示。❷在打开的页面新建【全部】按钮,如图5-17所示。

图 5-16

图 5-17

第6步 ❶在要推广的宝贝后面单击【推广】按钮,如图5-18所示。❷输入标题,❸单击【下一步】按钮,如图5-19所示。

图 5-18

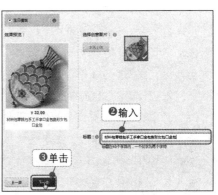

图 5-19

第7步 ❶输入关键词，❷设置出价，❸单击【完成】按钮，如图5-20所示。完成宝贝的直通车投放后显示图5-21所示的提示页面。

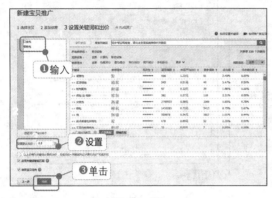

图 5-20

图 5-21

大师点拨12：如何提升直通车质量得分

开通淘宝直通车主要是为了提高宝贝的曝光率，让更多的买家看到你的宝贝，给店铺带来更多的流量。可是开通直通车后，每天的流量还是没多少，直通车效果不怎么明显，这是什么原因呢？想提升直通车广告效果的话，还需要做好以下各方面的工作。

1. 挑选最适合推广的宝贝

大家都知道，参加直通车推广首先要选好一个宝贝，这是所有推广的第一步。因为参加直通车推广的目的就是让你的宝贝走出去，有更多的曝光机会，进而获得买家的认可，顺利地卖出去，从而有更好的成交量。

选出来做推广的宝贝，一定要有突出的、清晰有力的卖点，能让买家在最短的时间内注意到你的宝贝。如卖点可以是性价比高（如价格有优势、有促销等）、产品功能强（如产品本身功效好、漂亮等）、品质好（如行货、正品等）。如果刚开始使用直通车，建议先少选几个宝贝来推广，以免在还没掌握直通车优化技巧之前产生不必要的浪费。等熟练掌握了广告效果提升的方法，再多选一些宝贝进行大范围推广，效果会更明显，也避免了不必要的浪费。

2. 设计精练的直通车主图

买家搜寻、浏览商品的速度非常快，看广告的时间就更短了。如果宝贝图片不清晰、广告标题不简练、卖点不明确的话，导致买家在匆匆浏览之后，就不愿意关注了，你很可能因此就错过一个大买家，也可能因此招来大量无效点击，浪费钱。所以，直通车主图的设计非常重要，图5-22所示为非常精练的直通车主图。

好广告的基本要求，就是让买家即使是眼睛一扫而过，也能在最短时间内明白你在卖什么宝贝，商品的卖点是什么。

3. 标题要吸引人

买家主要通过标题了解商品的卖点，所以标题应该简单直接、卖点明确，让买家即使一扫而过，也能最快地明白商品的特点。

可以参考的商品卖点有产品本身的特性、价格优势、品质或品牌保证、促销优惠信息等。当然，卖点一定要实事求是，夸大的卖点可能会让你花冤枉钱。店铺宝贝的标题与直通车广告的标题是

图 5-22

各自独立的，差别很大，所以要认真了解直通车标题的以下优化技巧。

① 标题应介绍产品，而不是说明店铺。买家看到广告时，通常是他们想要搜寻某商品的时候，如果在此时出现介绍店铺的信息，买家要么不感兴趣，懒得点，要么就点进去随便看看，无效点击很多，花费不少钱，成交的很少。

② 一个广告只突出一种商品卖点，不要罗列很多商品名。就像写店铺信息一样，罗列太多商品名，涉及的范围太宽泛了，容易让很多买家误以为店里什么商品都有，从而随手点击了广告去看看。

4. 选择合适的关键词

关键词是淘宝买家的搜索词，当买家搜索该关键词时，被推广的宝贝将展现在直通车推广位置上。既然关键词这么重要，那么怎么选择关键词呢？选择关键词有以下几种方法。

① 可以根据淘宝直通车系统提供的关键词作为自己的关键词。

② 宝贝详情里的属性词。

③ 淘宝首页搜索下拉框中的关键词。

④ "类目词"中的关键词。

选择直通车关键词时，把和宝贝相关的品牌、颜色、款式、型号、用途、产地、质地、功效、适用人群、流行元素等不同角度的中心词先想出来，才能尽可能地涵盖这个宝贝的有关词，同时还要根据各种买家的搜索习惯组合。在选择关键词时还需要注意以下几个方面。

第一，选择的关键词一定要和商品相关。

买家是通过搜索关键词找到你的商品，如果设置与自己商品毫无关系的词，带来的买家也根本不是真正想购买你商品的人。这样做很难带来流量，还可能带来无效的点击，浪费推广费用。

第二，选词的时候避免范围太大、概念太广的词。

一般范围很广的词流量会比较大，带来的买家购买目的也不很明确。

第三，很重要的一点一定要记牢：从买家的角度考虑，就是说当买家寻找一件商品的时候可能会搜索什么词呢？如果你能从这个角度去考虑选词，会对你很有帮助。

5. 利用各类报表做数据分析

利用报表的数据去分析，宝贝推广后观察账户的点击数据，利用市场数据来检验我们的推广效果。通过对各类数据的分析，你可以了解到自己推广设置的不足的地方并加以改正。

① 关键词无展现量或者展现量过低的冷僻词需要替换掉，非冷僻词微调价格。

② 排在前面、但无展现量、无点击的词，需要替换掉。

③ 部分关键词出价较高，流量一般，整体花费多，调整出价。

④ 关键词好流量低，如果是因为排名太靠后了，建议把价格适当提高。

⑤ 如果类目产生的扣费很多，但没效果，建议也改低一下类目出价或者调整其他宝贝进行类目出价。

⑥ 对于展现很高，没有点击量的词，检查是否是因为关键词与宝贝的相关性太低，导致搜索了该关键词的人看到宝贝，并没有产生兴趣。如果符合这种情况，替换成与宝贝相关性更高的关键词。

5.3 淘宝客推广

淘宝客是卖家使用较多的一种方式，淘宝客推广已经成为继直通车之后淘宝卖家的又一营销利器。本节将介绍淘宝客的推广优势、开通淘宝客做推广、制订合理的佣金计划、寻找淘宝客做推广等。

5.3.1 什么是淘宝客

淘宝客是淘宝联盟旗下的一种按成交计费的推广模式。淘宝客通过推广专区获取商品代码进行推广，买家经过推广进入淘宝卖家店铺完成购买后，淘宝客就可得到由卖家支付的佣金。淘宝客推广就像聘请了一些不需要底薪的业务员，业务员越多，店铺就越有可能开拓更大的市场。淘宝客可以是个人，也可以是团体。在淘宝客中有淘宝联盟、卖家、淘客以及买家四种角色，他们每个都是不可缺失的一环。如图5-23所示，卖家在淘宝联盟发布商品信息，

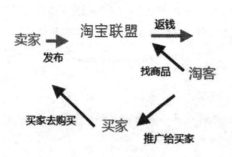

图 5-23

淘客在淘宝联盟找到商品推广给买家，买家购买后，卖家通过淘宝联盟返钱给淘客。

1. 淘宝联盟

阿里妈妈旗下的一个推广平台，帮助卖家推广产品；帮助淘客赚取利润，每笔推广的交易抽取相应的服务费用。

2. 淘宝客

佣金赚取者，他们在淘宝联盟中找到卖家发布的产品，并且推广出去，当有买家通过自己的推广链接成交后，那么就能够赚到卖家所提供的佣金，其中一部分需要作为淘宝联盟的服务费。

3. 卖家

佣金支出者，他们提供自己需要推广的商品到淘宝联盟，并设置每卖出一个产品愿意支付的佣金。

4. 买家

单纯的购买者，网购的购物人群，通过淘宝客的推荐链接完成购买。

5.3.2 淘宝客推广手机淘宝展现位置

淘宝客推广的宝贝会展现在手机淘宝的首页，在"淘宝头条"和"有好货"均可看到。

第1步 ❶在手机淘宝首页的【淘宝头条】处单击，如图5-24所示，即可进入【淘宝头条】，❷单击头条中的文章链接，如图5-25所示。买家在文章中单击推荐的宝贝链接，即可进入卖家店铺页面进行购买，如图5-26所示。

图 5-24

图 5-25

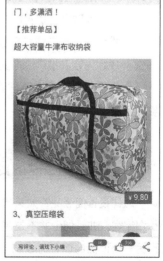
图 5-26

第2步 在手机淘宝首页的【有好货】处单击，如图5-27所示，即可进入【有好货】页面，如图5-28所示。

图 5-27　　　　　　　图 5-28

5.3.3　淘宝客的推广优势

淘宝客推广是比较受卖家青睐的一种推广方式，可以为卖家带来精准的流量。相比其他推广方式，淘宝客推广主要有以下几大优势。

① 与其他广告形式相比，淘宝客推广具有很高的投入产出比。淘宝客的展示、点击、推广统统免费，不成交不会产生任何广告开销，真正实现了花最少的钱获得最佳的推广效果；同时，让店里的宝贝获得了更多被免费推广的机会。

② 拥有互联网上优秀的销售精英帮助推广，让买家无处不在。

③ 推广精准到店铺和商品，直击用户需求。

④ 推广内容和推广途径完全自定义，灵活多样。

⑤ 节省时间。卖家不需要花大量的精力去做广告宣传，只需要把佣金比例调整好，等着淘客来推广就可以了。

5.3.4　合理制订佣金计划

怎样设置佣金呢？如果宝贝的佣金过高，卖家利润就会变低；如果佣金过低，又不能吸引淘宝客。并且佣金并不是越高越好，如店铺的某一个商品的佣金设置为12%，成交量为0，而另一个商品的佣金为6%，成交量为200，那么淘宝客肯定会选择成交量高佣金相对少的商品来做推广。因此，制订合理的佣金计划是非常重要的。

5.3.5 开通淘宝客做推广

淘客推广是一种按成交计费的推广模式,淘宝客提供单个商品和店铺的推广链接,可以指定推广某个商品或店铺。下面讲解使用淘宝客推广的方法,具体操作步骤如下。

第1步 登录【我的淘宝】首页,进入【卖家中心】页面,❶单击【营销中心】栏中的【我要推广】链接,如图5-29所示。进入推广页面,❷单击【淘宝客】中的【开始拓展】按钮,如图5-30所示。

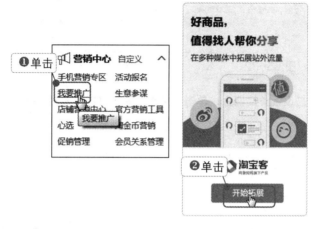

图 5-29　　　　图 5-30

第2步 进入图5-31所示的推广页面。在淘宝客推广中有通用计划、如意投计划、定向计划几种方式,下面分别介绍。

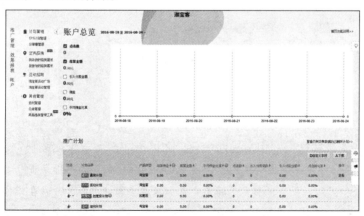

图 5-31

1. 如意投计划

如意投是为淘宝卖家量身定制,帮助卖家快速提升流量,按成交付费的精准推广营销服务。具体操作步骤如下。

第1步 ❶单击【如意投计划】前面的【激活计划】按钮,如图5-32所示。❷在打开的【委托支付协议】页面中选中同意选项后,单击【确定】按钮,如图5-33所示。

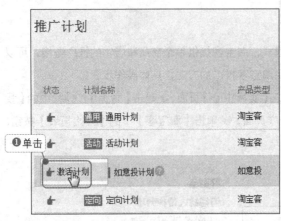
图 5-32

图 5-33

第2步 接下来设置类目佣金,单击【批量设置】链接,如图5-34所示。

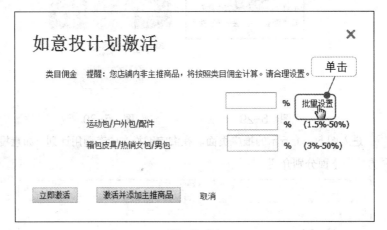
图 5-34

问:淘宝客佣金类目和商品佣金有什么区别呢,会双重扣钱吗?

答:佣金比率是指淘宝卖家愿意为推广商品而付出的商品单价的百分之几。佣金有类目佣金和商品佣金两种形式。淘宝卖家加入淘宝客推广后,可以在店铺中最多挑选30件商品作为推广展示商品,并按照各自的情况设定不同的佣金比率,这种佣金是商品佣金。淘宝卖家加入淘宝客推广后,除了设定个性化佣金比率外,还需要为店铺中其他商品所在类目设置类目佣金比率,用来支付由推广展示商品而带动店铺其他商品成交的佣金。如果买家通过主推广宝贝进店并成交,淘宝客佣金按商品佣金率计算;如果买家通过主推宝贝进店但并没有成交那个主推广宝贝,却买了店里另一件宝贝,淘宝客佣金则按类目佣金计算。

第3步 ❶ 设置好类目佣金，❷ 单击【确定】按钮，如图 5-35 所示。

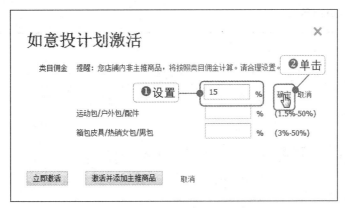

图 5-35

第4步 确定后即可将所有类目设置为相同佣金，如图 5-36 所示。也可以不用批量设置，分别设置类目佣金。在佣金管理中单击【新增主推商品】按钮，如图 5-37 所示。

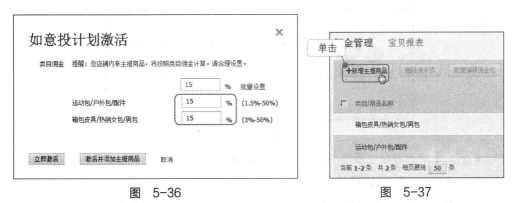

图 5-36　　　　　　　　　　　　　　图 5-37

第5步 选择主推商品，❶ 在要推广的宝贝上单击，❷ 设置佣金比率，❸ 单击【完成添加】按钮，如图 5-38 所示。

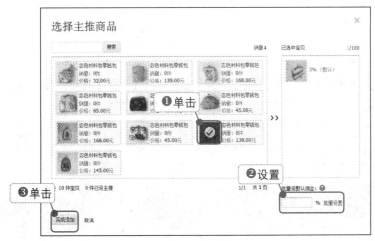

图 5-38

第6步 设置主推宝贝佣金后还可以编辑佣金。单击主推宝贝后面的【编辑佣金比】按钮，如图5-39所示。

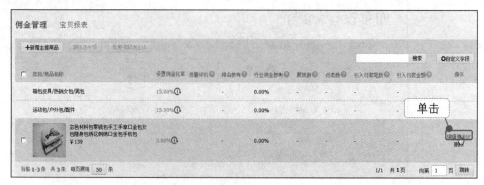

图 5-39

第7步 设置新的佣金比，佣金范围为3%～50%，佣金根据实际情况设置，每款主推宝贝的佣金可以不同。设置佣金比例为8%，如图5-40所示。

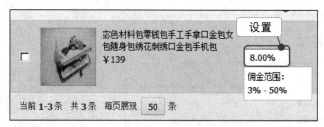

图 5-40

第8步 修改好佣金后单击【确定】按钮，如图5-41所示。即可在页面查看到新设置的佣金比率，如图5-42所示。

图 5-41

图 5-42

第9步 如果不想推广某一宝贝，在宝贝后面单击【删除】按钮即可，如图5-43所示。

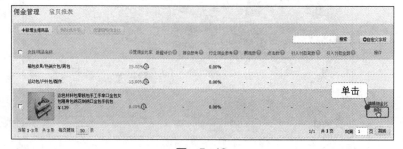

图 5-43

第 10 步 如果要停止如意投计划，单击【如意投计划】前面的按钮，在弹出的快捷菜单中单击【停止】链接即可，如图 5-44 所示。

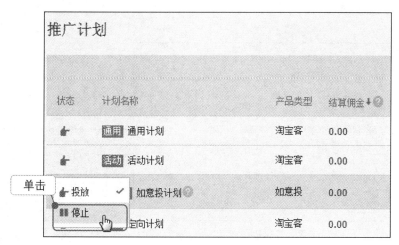

图 5-44

第 11 步 在弹出的【确认停止】对话框中单击【确定】按钮，如图 5-45 所示。停止如意投计划满 15 天后才能激活，如图 5-46 所示。

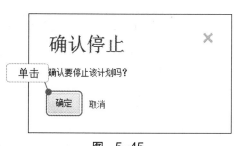

图 5-45

图 5-46

2. 通用计划

通用计划为默认计划，所有淘宝客都能参加并推广。这个计划不设定任何门槛，新店建议设类目的基础佣金，佣金一般是 1% ~ 5%。佣金比例最高可以设置成 50%，佣金修改之后次日生效，此计划无须申请，且佣金不宜过高。通用计划页面如图 5-47 所示，添加推广宝贝操作步骤与如意投计划相似，不再做介绍。

3. 定向计划

定向推广计划是卖家为淘宝客中某一个细分群体设置的推广计划，卖家可以选择淘客加入，也可以让淘客来申请加入。可以让淘宝客在阿里妈妈前台看到推广并吸引淘宝客参加；也可由卖家不公开跟某

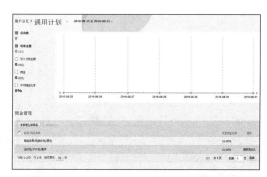

图 5-47

些大网站协商好,以让卖家获取较大的流量,让淘客获取较高的佣金。具体操作步骤如下。

第1步 ❶单击推广计划中的【定向计划】链接,如图5-48所示。❷单击【新建定向计划】按钮,如图5-49所示。

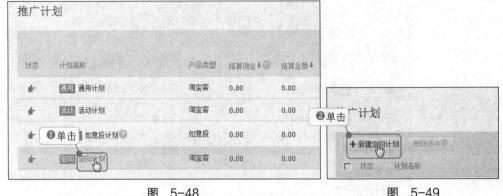

图 5-48　　　　　　　　　　　　图 5-49

第2步 ❶在打开的页面中设置计划名称、计划类型、类目佣金等内容,❷完成后单击【创建完成】按钮,如图5-50所示。

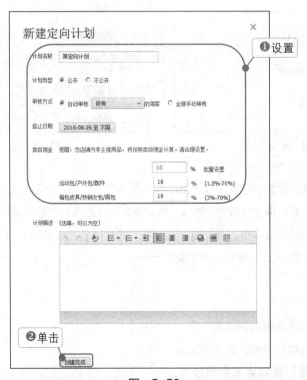

图 5-50

第3步 如果不想继续推广,在计划后面单击【删除】按钮即可,如图5-51所示。

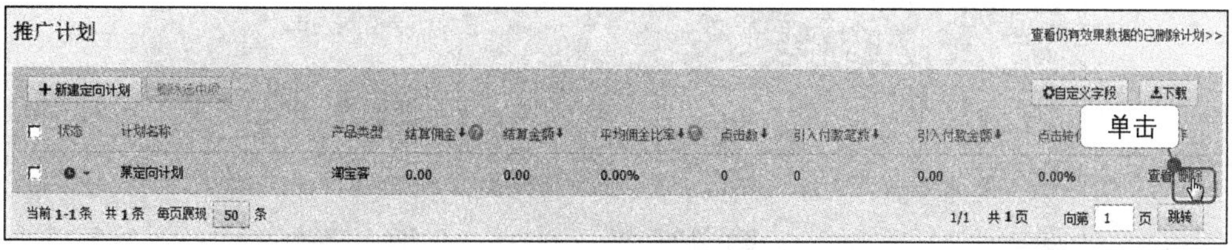

图 5-51

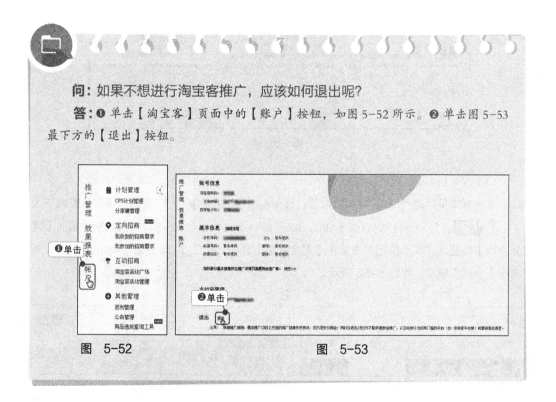

问：如果不想进行淘宝客推广，应该如何退出呢？

答：❶ 单击【淘宝客】页面中的【账户】按钮，如图 5-52 所示。❷ 单击图 5-53 最下方的【退出】按钮。

图 5-52　　　　　　图 5-53

5.3.6 寻找淘宝客做推广

由于开通淘宝客的卖家太多，即使开通了淘宝客，能获得的流量也是有限的，这就需要卖家主动出击寻找淘宝客。可以通过以下几种方式寻找淘宝客。

1. 通过 QQ 群进行查找

对于淘宝卖家来说，如何有效地找到淘宝客是非常重要。针对个人淘宝客，我们可以通过 QQ 群进行查找，如图 5-54 所示，一些淘宝客群内很多淘宝客在里面活动交流。

2. 在淘宝联盟社区寻找淘宝客

淘宝联盟隶属于阿里巴巴集团旗下，以"淘宝客"按成交计费业务为主体。在淘宝联盟社区寻找淘宝客常见的方式有发布招募帖、参与社区活动、利用签名档做宣传、事件营销、主动寻找淘宝客等。

图 5-54

（1）发布招募帖

这是最常见的形式，直接在淘宝联盟社区向淘宝客发布招募公告。具体的操作步骤如下。

第1步 打开阿里妈妈首页（http://www.alimama.com），❶ 在首页菜单栏中指向【媒体合作】标签，在其下拉标签中单击【淘宝联盟】链接，如图 5-55 所示。❷ 在打开的页面单击【社区】链接，如图 5-56 所示。

图 5-55　　　　　　　　　　　图 5-56

第2步 在首页菜单栏中指向【橙领论坛】标签，在其下拉标签中单击【掌柜专区】链接，如图 5-57 所示。

图 5-57

第3步 在打开的页面单击【找淘宝客】链接，如图 5-58 所示。

站内推广必会：直通车、钻展、淘宝客 第5章

图 5-58

第4步 进入找淘宝客社区页面中，查看卖家发帖要求后，单击【发帖】按钮就可以开始撰写淘宝客招募帖子，如图5-59所示。

图 5-59

问：完整的招募帖包含哪些内容？

答：招募帖一定要写得吸引人，把自己店铺商品的优势、服务质量以及店铺规模等内容和给淘宝客的佣金收益清楚地写在帖子中，以便吸引更多的淘宝客来推广店铺的宝贝。完整的招募帖包括以下几点。

● 店铺介绍：包括店铺的好评、转化、品牌简介，可以图文并茂。

● 佣金介绍：爆款产品的佣金，可以上传爆款的图片，以及各个计划的佣金，佣金不菲且稳定，这样适合淘宝客的推广，淘宝客很忌讳中途将佣金调低。

● 奖励活动办法和奖励方式，好的活动，给力的内容，才能吸引淘宝客们过来。

● 联系方式：联系电话、QQ或者旺旺等。

（2）参与社区活动

社区版主会不定期地组织一些社区活动，如征文、访谈等活动，卖家要积极参与。

（3）利用签名档做宣传

将签名档设置为店铺招募的宣传语，引导至自己的招募帖，并且积极参与社区中的讨论，热心回答会员的问题，在互动的同时也起到了宣传的作用。

（4）事件营销

事件营销是指通过策划、组织和利用具有新闻价值、社会影响以及名人效应的人物或事件，吸引媒体、社会团体和消费者的兴趣与关注，以求提高企业或产品的知名度、美誉度，树立良好品牌形象，并最终促成产品或服务的销售的手段和方式。商品宣传不一定是广告，有意地策划一些事件，短期内可以迅速积累大量的人气。

与大家分享一个事件营销的案例。在淘宝网"12·12卖家宣言"留言墙上，一家鞋店的老板娘的"宣言"是："头层牛皮拖鞋，假一赔老板娘！你敢买，我就敢赔！"这个消息迅速被转载传播，达到了非常好的营销效果。

（5）主动寻找淘宝客

在社区中有许多乐于分享的淘宝客，这些人往往具有丰富的推广经验和资源，多关注一些经验分享帖的淘宝客，通过回复或站内信取得联系。

3. 利用 SNS 媒体

SNS 指社交网络，如人人网、淘江湖、开心网等均为社交网络，图 5-60 所示为开心网首页。这地方活跃着众多的营销者，往往聚集了大量具有相同兴趣爱好的会员，如购物促销群、时尚群、亲子群等，具有非常精准的客户群，在淘宝客的推广中具有很高的转换率。

图 5-60

5.3.7 优化产品吸引淘宝客推广

在做淘宝客推广时，如果产品本身的卖点不高，再多的推广也是徒劳。推广的产品的销量要足够地高，要让淘宝客看到做推广的希望。如果他们努力地推广，宝贝却没有成交，也会渐渐地失去信心。所以做推广的前提还是要对产品做优化，下面介绍优化产品的方法。

1. 主推最好的商品，打造爆款

淘宝客都会选择销量高的产品进行推广，销量越高的产品，推广成功的概率越高。不要推广滞销的产品，如果推广的产品一点销量都没有，即使设置再高的佣金也都是很难让人有兴趣推广的。推广那些热销品，不但可以吸引更多的淘宝客推广你的店铺，更可以积累销量。

质量好又热卖的商品，有利于招到淘宝客，也有利于培养忠实的淘宝客。有不少淘宝客把商品推荐给身边的亲朋好友，如果产品质量过硬，也可以增强他们推广的信心。

在商品的销售中，集中力量重点打造几款高人气的主推宝贝，也就是爆款，利用其高人气的特性，带动店内其他商品的销售，以爆引爆。要在店里同时打造几个小爆款，而不是一个大爆款。可以用搭配套餐、掌柜推荐的方法，强强联合，同时打造几个爆款，图5-61所示为主推的爆款商品中的"掌柜推荐"。同样，通过几款拥有大量淘宝客关注的主推商品，可以带动店内其他商品推广量的上升。

图 5-61

2. 商品图片美观

提交的推广的宝贝图片要美观清晰、简洁，商品的名称要有吸引力。淘客选择推广宝贝时，宝贝图片会对他们的选择产生很大的影响，如果图片模糊不清，推广的效果肯定差。图5-62所示商品图片美观大方、诉求明确。

图 5-62

3. 经常更新主推商品

对于一些季节性很强的商品来说，淘宝客主推商品的更新速度要跟得上店铺更新的速度，才能更加吸引新淘客和留住老淘客。在一定的时间段内，可根据淘宝客成交的记录来对一些推广比较好的宝贝进行佣金调整；对于一些无人问津的宝贝，则可以删除，另推其他商品。

大师点拨13：卖家进行淘宝客推广的条件

卖家进行淘宝客推广，要具备以下几点条件。

① 掌柜星级在一星以上或参加消费者保障计划。

② 店铺非虚拟交易近半年的DSR评分三项指标不得低于4.5（开店不足半年的从开店之日起算）。

③ 店铺好评率不得低于97.5%。

④ 掌柜的店铺状态是正常的。

⑤ 掌柜的店铺内，有一口价的商品（大于等于10件），拍卖的不能参加推广。

⑥ 掌柜的店铺内，商品状态正常，并且结束时间比当前系统时间晚。

大师点拨 14：如何防止淘宝客推广被骗

淘宝客数量众多，难免会有一些用心不良的淘宝客，所以卖家需要有防范上当受骗的意识。做到以下几点，可以防止在进行淘宝客推广时被骗。

（1）合理设置佣金比例

佣金比例要进行合理的设置，高佣金的确会吸引众多的淘宝客来帮助推广，但是也更可能引来骗子。在设置佣金比例时，可以参考同行的佣金设置。

（2）切勿线下打款

在和淘宝客谈合作的时候，一些淘宝客会让卖家线下打款，不通过淘宝联盟结算佣金。如果卖家急切地想获得流量，通过线下的方式给淘宝客打款，淘宝客却可能在收款之后不按照事先谈好的方式进行推广，从而骗取卖家的推广佣金。

（3）走正常的退款流程

正常流程可以规避不规范导致的风险。淘宝客在推广的商品成交之后便会获取佣金，如果商品退货，对应的佣金会退还给卖家。但如果淘宝客要求卖家直接确认收货，给卖家好评，要求卖家支付宝返款。卖家若同意直接支付宝退款给对方，没有按流程退款，淘宝客仍然会收到佣金。

5.4 手机端其他运营推广

除了钻展、淘宝客、直通车三大法宝外，手机端还有其他的一些运营推广方法，如微淘、手机店铺活动、码上淘、麻吉宝、手机专享价等。

5.4.1 利用"微淘"推广手机店铺

用户都有关注的自己感兴趣的领域，通过微淘后台发布各类新产品信息，可以让用户及时知道店铺的动态，进行客户关系管理。卖家可以使用微淘推广店铺，具体操作步骤如下。

第1步 进入无线运营中心（wuxian.taobao.com），❶ 单击左下角的【发微淘】链接，如图 5-63 所示。❷ 输入"广播描述"，在图 5-64 所示的位置单击。

第2步 ❶ 选中要添加的宝贝，单击【确定】按钮，如图 5-65 所示。❷ 单击【发送】按钮即可开始发布属于自己店铺的微淘广播，如图 5-66 所示。

第3步 微淘广播发布以后，出现图 5-67 所示的页面。可以复制链接将其分享到多个社交平台，扩大其曝光面，让自己的店铺为更多的人所熟知。在手机淘宝的微淘中可以查看刚发布的广播，如图 5-68 所示。

图 5-63

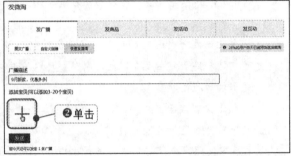

图 5-64

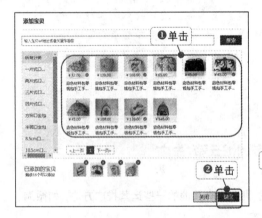

图 5-65

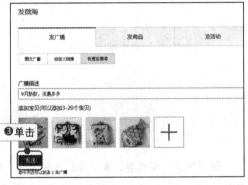

图 5-66

图 5-67

图 5-68

5.4.2 创建手机店铺活动

手机店铺活动主要包括上新宝贝、聚划算、热门促销、优惠活动和专享活动。卖家可以根据自己的需求创建相应的店铺活动。下面以"创建上新宝贝活动"为例介绍创建手机店铺活动的方法。

第1步 在【卖家中心】页面左侧找到【店铺管理】选项,单击右侧的展开按钮 ∨ 显示此选项下所有菜单,单击【手机淘宝店铺】链接。

第2步 进入手机淘宝店铺页面后,页面中间会显示【无线店铺】选项,❶ 单击选项中的【立即装修】链接,如图5-69所示。❷ 单击【店铺活动】链接,如图5-70所示。

图 5-69

图 5-70

第3步 进入【营销活动】创建页面,❶ 单击【创建店铺活动】按钮,如图5-71所示。进入【营销活动】主页,❷ 单击选择【上新宝贝】下的【创建活动】按钮,如图5-72所示。

图 5-71

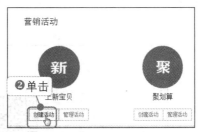

图 5-72

第4步 ❶ 单击【添加宝贝】按钮,如图5-73所示。❷ 在打开的页面选择上新的宝贝,如图5-74所示。

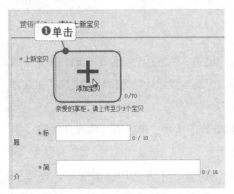
图 5-73

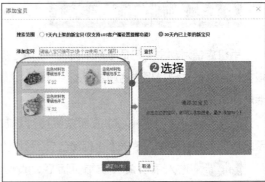
图 5-74

第5步 此时可以看到，选中的宝贝会出现在面板的右方，❶单击【确定】按钮，如图 5-75 所示。输入标题与简介，❷单击右上角的【发布】按钮，如图 5-76 所示。

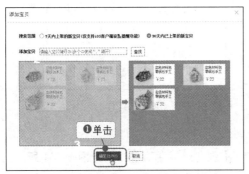
图 5-75

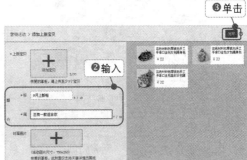
图 5-76

第6步 系统提示发布成功，如图 5-77 所示。也可以同步到微淘动态中，只需单击【同步到微淘动态】按钮，根据系统提示完成相应的设置即可。

图 5-77

5.4.3 利用"码上淘"推广手机店铺

码上淘就是用手机淘宝扫一扫特定的二维码就可以实现"码"上购物。卖家只需在"码上淘"后台制作好店铺或商品的二维码,将其通过网站、QQ、微信、社区、移动端等不同的方式推广到用户身边,用户用手机扫一扫二维码就可直达商家店铺页面,并进行下单购买。创建二维码的方法有图 5-78 所示的几种,下面介绍最常用的"通过链接创建"和"通过宝贝创建"方法。

图 5-78

1. 通过链接创建

第1步　进入无线运营中心(wuxian.taobao.com),❶ 单击左边的【码上淘推广】链接,如图 5-79 所示,❷ 在打开的页面单击【进入码上淘】按钮,如图 5-80 所示。

图 5-79

图 5-80

第2步　❶ 单击【创建二维码】下方的【通过链接创建】链接,如图 5-81 所示。在店铺里打开要创建二维码的宝贝,在地址栏复制其链接,❷ 粘贴到【二维码页面链接】中,如图 5-82 所示。

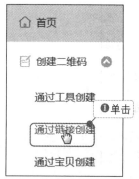
图 5-81

图 5-82

第3步 ❶ 删除链接中的"spm=",❷ 单击【下一步】按钮,如图 5-83 所示。

图 5-83

第4步 ❶ 输入二维码名称,单击【渠道标签】右侧的【新增渠道】按钮,❷ 单击【下一步】按钮,如图 5-84 所示。

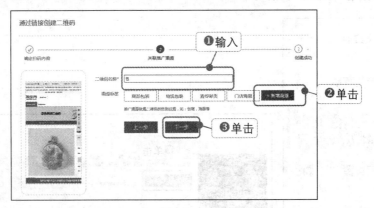

图 5-84

第5步 在打开的页面可以看到创建好的二维码,将其下载即可,单击【下载】按钮,如图 5-85 所示。

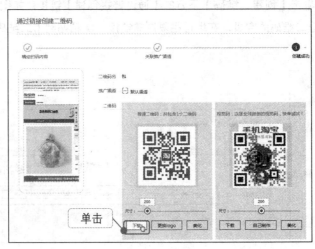

图 5-85

第 6 步　❶ 在打开的对话框中选择下载的位置后单击【下载】按钮，如图 5-86 所示。完成后可以将二维码用到 QQ 或微信等其他推广渠道上，❷ 买家只需要从手机淘宝首页扫一扫二维码即可访问店铺的商品，如图 5-87 所示。

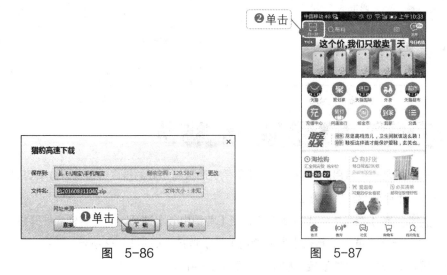

图 5-86　　　　　　　　　图 5-87

2. 通过宝贝创建

第 1 步　❶ 单击【创建二维码】下方的【通过宝贝创建】链接，如图 5-88 所示。❷ 选择要创建二维码的宝贝，❸ 单击【下一步】按钮，如图 5-89 所示。

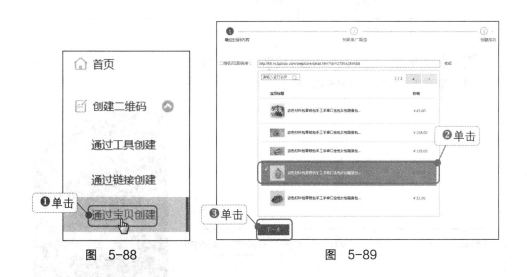

图 5-88　　　　　　　　　图 5-89

第 2 步　输入二维码名称，选择渠道标签，单击【下一步】按钮，如图 5-90 所示。

第 3 步　在打开的页面可以看到创建好的二维码，将其下载即可，最后单击【下载】按钮，如图 5-91 所示。

图 5-90

图 5-91

5.4.4 利用"手机海报"推广手机店铺

手机海报是一种常用的营销方式，使用手机海报制作好的推广链接可以分享到QQ、微信朋友圈，下面介绍其使用方法。

第1步 在【卖家中心】页面左侧找到【营销中心】选项，单击右侧的展开按钮 ✓ 显示此选项下所有菜单，❶ 单击【官方营销工具】链接，如图5-92所示。在打开的页面找到微海报，❷ 单击【立即设置】按钮，如图5-93所示。

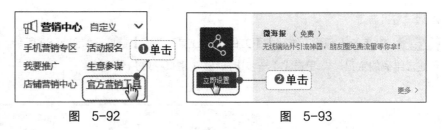

图 5-92　　　　　　　　　图 5-93

第2步 ❶ 单击右上角的【微海报】按钮，如图5-94所示。在模板中选择合适的海报，❷ 单击【立即使用】按钮，如图5-95所示。

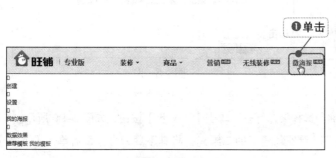

图 5-94

图 5-95

第3步 在打开的页面中可以替换模板中的图片,单击要替换的图片,如图5-96所示。

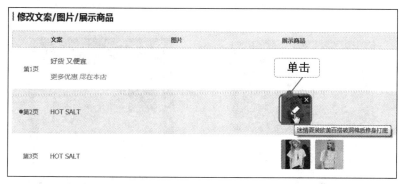

图 5-96

第4步 选择店铺里的宝贝进行替换,在页面的右边可以预览到效果,如图5-97所示。

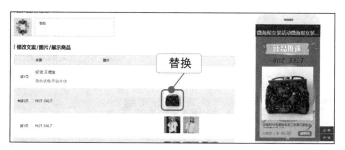

图 5-97

第5步 替换模板中的所有图片后,单击【确定创建】按钮,如图5-98所示。用手机扫描图5-99所示的二维码。

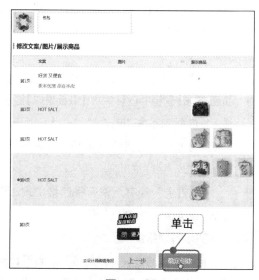

图 5-98

图 5-99

第6步 ❶在打开的海报中点击右上角的按钮 ⋮ ,选择分享的方式,如【分享到手机QQ】,如图5-100所示。❷选择好友,输入内容后点击【发送】按钮即可,如图5-101所示。

图 5-100　　　　　　　　图 5-101

5.4.5　利用"麻吉宝"推广手机店铺

"麻吉宝"是一款和之前大家熟知的"直通车""淘宝客""钻石展位"等平行的营销产品。商家可以通过参与"麻吉宝"推广,给自己的店铺带来流量。

1. 什么是"麻吉宝",如何进入"麻吉宝"

"麻吉宝"是阿里妈妈推出的一款推广营销产品,通过互动激励营销的创新推广模式,帮助商家在无线端进行流量渠道拓展,并进一步提升无线推广转化率。"麻吉宝"推广与之前的推广工具的最大差别是引入了新的推广计费方式并加强了商家与消费者的互动。"麻吉宝"引入了与消费者互动的概念,在一次互动完成时计费。

图 5-102

登录"我的淘宝"首页,进入【卖家中心】页面,单击【营销中心】栏中的【我要推广】链接,进入推广页面,单击"麻吉宝"中的【马上开动】按钮即可进入"麻吉宝",如图5-102所示。

2. "麻吉宝"的玩法

"麻吉宝"现有玩法有答题推广、二阶任务、天猫猜品牌和猜价格。

(1)答题推广

商家可以通过在"麻吉宝"后台设计问答题的推广模式,与用户产生互动。用户回答正确商家设计的问题,卖家支付一次营销费用,其他行为不扣费。

(2)二阶任务

通过"麻吉宝"发布召回任务,帮助商家囤积无线端流量,让目标用户在指定的时间内完成指定的动作,比如大促期间引导大量流量进入店铺。

(3)天猫猜品牌

通过用户参与"猜品牌"这一互动形式,在增加品牌曝光度的同时,增强用户对品牌的记忆度,是品牌营销的一种有效方式。

(4)猜价格

猜价格是"麻吉宝"为商家量身打造的营销利器。商家挑选一款产品并设置专享优惠价,用户猜对价格后即可享受优惠价购买。制造了营销场景,让用户更容易下单成交。

3. 哪里可以看到"麻吉宝"

目前"麻吉宝"正在逐步介入阿里巴巴旗下的众多应用,已经覆盖了大量人群。可以在支付宝、手机淘宝、旺信等位置展示,如图5-103所示。

图 5-103

大师点拨15:将网店地址提交到各大搜索引擎

网店要想获得流量,最重要的事情之一就是向各大搜索引擎提交店铺地址。让搜索引擎将网店收录到搜索引数据库,以便让其他网友直接通过搜索引擎找到店铺。以下是各大知名搜索引擎的收录网址。

百度搜索引擎的收录网址是:

http://www.baidu.com/search/url_submit.html

搜狗搜索引擎的收录网址是:

http://www.sogou.com/feedback/urlfeedback.php

360搜索引擎的收录网址是:

http://info.so.360.cn/site_submit.html

大师点拨 16：影响手机淘宝权重的因素

无论 PC 端还是手机淘宝，其权重都会受到很多因素的影响，那么影响手机淘宝的权重究竟有哪些因素呢？下面将具体介绍。

1. 手机详情页

手机淘宝的详情页是需要专门制作的，这是一个比较重要的权重。手机端详情页单独装修，不仅会给无线端加权而且还能提高买家打开页面的速度。在【出售的宝贝】页面中进行编辑可以设置手机详情页，如图 5-104 所示。

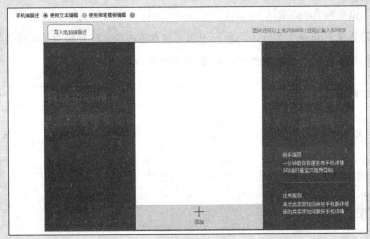

图 5-104

2. 标题设置

标题的字数有限，在设置时要避免使用一些与关键词无关的词，用买家经常搜索的热门关键词进行组合。标题中要包含促销/热词、大流量关键词、类目关键字和长尾关键字。

3. 手机成交转化率

与 PC 端一样，店铺转化率越高，权重就越大，特别是通过手机搜索进店并最终完成交易这种方式，它对权重提升的影响是最大的。

4. 广告投放量

手机店铺若参与钻展、直通车等推广，搜索排名会上升，权重会增加。

5. 产品性价比

对于相同的产品来说，性价比是影响权重的重要因素，在无其他因素影响的前提下，相同的产品价格低的会比价格高的排名靠前。

6. 手机专享价

手机专享价是手机淘宝的一款营销产品，是无线端一个重要的设置，拥有手机端独立的筛选条件，获得手机端搜索加权，宝贝会被优先展示。

7. 新品加权

新品的权重会比较高，特别是上架24小时内销量破零的宝贝。新品的发布时间配合上下架的高峰时间可以获得更高的权重，让宝贝得到更好的展示。

本章小结

本章主要讲解了无线钻展推广、手机无线直通车推广、淘宝客推广、手机端其他运营推广等相关内容，希望通过本章内容的学习，读者能够认识和掌握在淘宝站内推广店铺的方法和技能。

站外推广必知：手机淘宝店铺的外部推广与引流

本章导读

随着淘宝站内购买流量费用的提高，越来越多的卖家开始在站外进行推广。那么，淘宝站外推广有哪些方法呢？带着这些问题，我们进行本章内容的学习。

知识要点

通过本章内容的学习，大家能够学习如何对手机淘宝店铺进行外部推广与引流。本章需要掌握的相关技能知识如下。

- 百度推广
- QQ推广
- 论坛推广
- 其他外部推广

6.1　百度推广

百度是全球最大的中文搜索引擎，如果店铺能在百度中搜索到，店铺的浏览量会有很大的提升，因此，卖家可以在百度中使用多种方式推广自己的店铺。

6.1.1　百度知道

利用百度知道进行店铺产品推广，是一种主动的营销方式，卖家可以在"百度知道"中搜寻与自己店铺产品相关的问题进行回答，搜索的内容一定要是我们所出售的商品相关的。每次回答的内容不要一样，要换不同的说法，如果回答得好，很有可能被选择为最佳答案，被更多的人看到，因此要用心去回答。

比如我们卖刺绣包，就在"知道"中搜索关键词，然后在搜索列表中单击链接查看相关求购内容，回答别人的问题，输入我们的产品信息。这样当对方登录百度以后，就能够得到他所需要的信息，从而有可能购买我们的商品。同时，有相同需求的人进入此页面，也能看到我们的回答，这样就能免费为我们的产品或店铺做广告。其具体操作步骤如下。

第1步　❶在百度搜索栏输入关键词，❷单击【知道】链接，如图6-1所示。❸找到与自己店铺产品相关的问题，单击其链接进入页面，如图6-2所示。

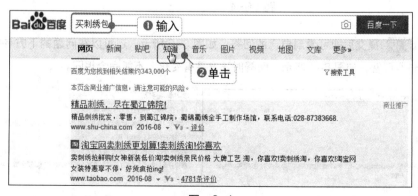

图　6-1

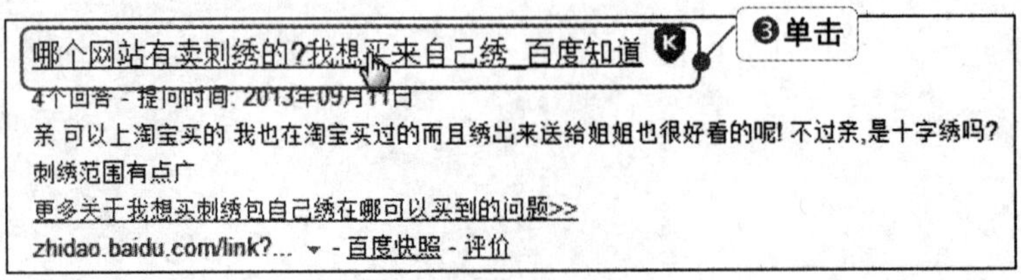

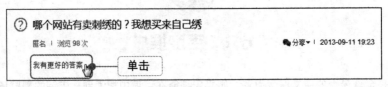

图 6-2

第2步 在提问的下方单击【我有更好的答案】链接，如图6-3所示。

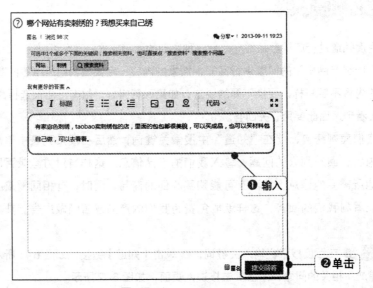

图 6-3

第3步 ❶输入回答的内容，巧妙地组织语言，通过回答进行推广，❷完成后单击【提交回答】链接，如图6-4所示。

图 6-4

第4步 提交后即可看到自己的回答，如图6-5所示。还可以在问题的下方寻找相似的问题进行回答，如图6-6所示，回答时语言要有变化，不能完全相同。

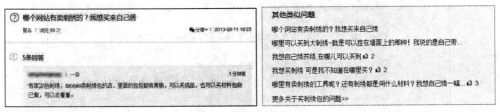

图 6-5　　　　　　　　　　　图 6-6

问： 在百度知道回答问题时有什么需要注意的呢？

答： 在百度知道回答问题时需要注意以下几个方面。

① 回答或提问最好加上关键词。

② 找评论多的问题进行回答，评论越多，排名会越高。

③ 不要每天集中在同一段时间回答问题。

④ 长期养高级别的账号，可以带链接地问答。百度知道一级账号才能留链接。如果是刚注册的新账号发链接，一般是不能通过审核的。

⑤ 同一个账号，一天内回答问题最好不要超过5个，保持好一定的比例。

⑥ 回答的内容越长越容易通过。

⑦ 多发内页外链，尽量不要发首页外链。这样不但可以有效规避风险，也对提高内页排名有很大的帮助。

6.1.2 加入百度贴吧

百度贴吧是目前百度品牌里活跃度最高的地方，相对流量也是很多的。在百度中输入关键词，单击"贴吧"链接即可进入百度贴吧，如图6-7所示。在贴吧里积极发言才能提高等级，先不要做广告，等时间长了再做广告。

图 6-7

6.1.3 百度文库

百度文库是一个专门提供在线分享文档的开放平台，在这里，用户可以在线阅读和下载课件、论文报告、专业资料、公文模板等各类文档。卖家可以通过上传与店铺或产品相关的文档进行推广。上传文档到百度文库的具体操作步骤如下。

第1步　进入百度文库（http：//wenku.baidu.com/），单击【上传我的文档】按钮即可上传文档，如图6-8所示。

图　6-8

第2步　在打开的页面单击【上传我的文档】按钮，如图6-9所示。

图　6-9

第3步　❶在打开的对话框中单击要上传的文档，❷单击【打开】按钮即可，如图6-10所示。

利用百度文库做推广，可以通过添加链接的方式，也可以在文档中插入图片广告，当然图片要与文章内容相关。此外还要考虑文档的格式，这与审核通过的概率相关。文档格式通过的概率从大到小依次为PDF格式—WORD格式—PPT格式—TXT格式。

图 6-10

6.2 QQ 推广

绝大多数上网用户，都会用到 QQ，这是目前国内最流行的聊天软件，同时它包含 QQ 群、论坛、电子邮件等多种交流方式，通过它可以帮助淘宝卖家们进行有力的宣传。下面介绍几种常用的 QQ 推广方式。

6.2.1 QQ 邮箱推广

做 QQ 群邮件推广效果可能会比较明显，实时性比较强。发送邮件时不能一直不停地发送，QQ 群邮箱对广告宣传有屏蔽，如果不停地发送同样的内容，会被禁止发送。在发送邮件的时候，每发一篇可以对内容进行稍微更改，并且每封邮件都要用不同的标题。此外，还可以使用 QQ 邮箱的自动回复功能，写一段推广店铺和产品的话语，表面上是告诉别人邮件已收到，而实际上是做了推广。

6.2.2 QQ 群推广

QQ 群也是宣传店铺非常好的途径，只要编辑一个宣传信息，就可以让群里面的所有成员都看到。至于采用哪种宣传方式，则需要根据 QQ 群的类型来决定，因为有些 QQ 群是不允许发广告的。一定要根据群的性质和主题及群的实际情况宣传，如图 6-11 所示。

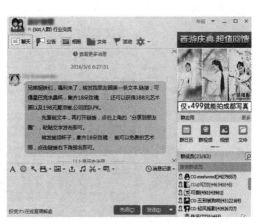

图 6-11

6.2.3 QQ 空间推广

卖家还可以充分利用 QQ 空间。先好好地装扮一下自己的 QQ 空间，把商品图片传到 QQ 相册里面，这样当别人访问自己的 QQ 空间的时候，看到 QQ 相册里有那么好看的东西，就会对卖家的商品感兴趣。图 6-12 所示即为利用 QQ 空间推广自己的店铺。

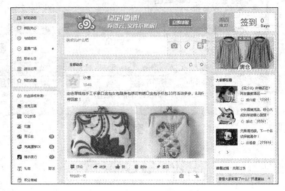

图 6-12

6.3 论坛推广

企业利用论坛，通过文字、图片、视频等方式发布企业的产品和服务的信息，从而让目标客户更加深刻地了解企业的产品和服务，最终达到宣传企业的品牌、加深市场认知度的网络营销目的，就是论坛推广。可以以论坛为载体进行各类推广活动，如好友私信、空间留言、发帖邀请好友参与、帖子加分、帖子点评、论坛活动等。

6.3.1 热门论坛

论坛推广要在人气高的大论坛进行，才会有好的收效，图 6-13 所示为人气非常高的天涯社区。表 6.1 提供了一些热门论坛供大家参考。

图 6-13

表 6.1　热门论坛

名字	网址	简介
百度贴吧	http：//tieba.baidu.com/	全球最大的中文社区，有非常高的活跃度
新浪论坛	http：//bbs.sina.com.cn/	新浪是中国四大综合门户网站之首，新浪博客里面有众多的名人博客，新浪论坛同样人气值很高
搜狐社区	http：//club.sohu.com/	四大门户网站之一
网易论坛	http：//bbs.163.com	最贴近网友的综合性中文论坛
天涯论坛	http：//bbs.tianya.cn/	内容涵盖各大版块，聚集众多高水平的写手
腾讯论坛	http：//bbs.qq.com/	综合性中文论坛
TOM论坛	http：//bbs.tom.com/	TOM网为用户24小时提供全面及时的中文资讯，内容覆盖国内外突发新闻事件、体坛赛事、娱乐时尚、实用信息等，设有新闻、体育、娱乐、汽车等多个内容频道
猫扑	http：//www.mop.com/	猫扑网是中国互联网流行文化发源地，以猫扑大杂烩、猫扑贴贴等互动产品为核心。猫扑网独特的文化气质吸引了大量锐意创新、乐观向上、具有时代代表性和生活主张的用户群体

6.3.2　论坛推广的方式

论坛推广是网络推广的一种重要且高效的方法，很多中小企业和个人都在用，论坛推广主要有以下两种方式。

1. 发广告

发广告目标明确，能以最快的速度传递信息，但是纯粹的广告很容易被删帖，甚至会被封掉 IP，所以要慎重选择。

2. 发软文

这种方式在效率方面比发广告会高一点，虽然有些费时费力，但是由于软文本身的性质，删帖的概率会低一些，帖子存活率高了，效率自然也高一些。要注意的是，软文的质量要高，不要有明显的广告痕迹。

6.3.3　论坛推广的技巧

在进行论坛推广时，选择合适的方式，注重技巧，才能取得好的效果，利用论坛进行网络推广有以下几点技巧。

1. 求质而不求量

论坛推广并不是信息发得越多越好，重要的是信息的质量，就如发广告，发得再多，被删除了也是徒劳，只有质量高的内容才会事半功倍。

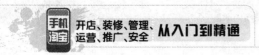

2. 注重互动

在论坛发布信息时,要有用户去点击,去关注,并愿意回复,才能算成功地发布。所以信息的内容一定要是用户关心的热点或是热门话题等。

3. 维护帖子

论坛推广并不是发了帖子就不管了,要注意维护,别人顶了要回应,没人顶要自己顶。尽量让帖子和其他人有互动,提高曝光率。

大师点拨 17:在论坛写出精华帖吸引人气

论坛是目前网络中非常热门的交流平台之一,绝大多数上网用户都会经常逛一些自己感兴趣的论坛,作为卖家,我们就可以在不同的论坛中去发布一些宣传店铺的帖子。

1. 写精华帖

写出万人瞩目的精华帖需要注意几个方面:标题新颖、发帖质量要有保证、发帖的内容要精、帖子内容排版合理与整洁、图文并茂、选择版块发帖、原创、植入式软广告、熟悉论坛规则。

2. 查看论坛中精华帖的标题

大家在浏览论坛的时候都是根据标题来选择是否打开阅读,所以帖子的标题是非常关键的因素。一个相当有诱惑力的标题,会使你的推广工作事半功倍。查看精华帖,具体操作步骤如下。

第 1 步 登录淘宝网论坛(http://bbs.taobao.com/),在淘宝论坛首页中,可以查看全部论坛类别,如图 6-14 所示。

图 6-14

第 2 步 为方便找到最好的帖子做参考,也可以直接进入社区的单个版面。单击社区板块上方的【精华帖】按钮,接着可以看到所有的精华帖子的标题,如图 6-15 所示。

图 6-15

6.4 其他外部推广方式

除了百度、QQ、论坛推广以外，还可以使用购物分享类网站推广、博客推广、微博推广、微信推广、视频推广和网红推广等外部推广方式。

6.4.1 购物分享类网站推广

现在流量成本越来越高，推广的费用越来越高，越来越多的店主都会选择一些做得好的分享网站，通过社会化分享推广自己的品牌和店铺。在购物分享社区类网站，有上百万网购达人都有分享自己的淘宝购物经验、修炼美丽心经。在购物社区里分享的东西一般都是连接到淘宝、拍拍等购物网站，同时会有很多达人的推荐和评论。图 6-16 所示为蘑菇街购物分享网站。表 6.2 提供了一些热门的购物网站供大家参考。

图 6-16

表 6.2 热门购物网站

名字	网址	简介
蘑菇街	http：//www.mogujie.com	最大的 Shopping Girls 购物分享社区，百万网友一起发现时尚、分享购物乐趣。在这里可以找到网友分享的最佳网购单品和最靠谱的网店
美丽说	http：//www.meilishuo.com/	国内最大的女性快时尚电子商务平台，致力于为年轻、时尚、爱美的女性用户提供最流行的时尚购物体验
堆糖	http：//www.duitang.com/	可以分享美好的物品，展示所爱，分享生活
8090铺	http：//www.8090pu.com	是国内领先的网购优惠分享社区网站，不仅可以与百万"8090"时尚网购达人分享网上购物乐趣，还可获得最可靠的打折优惠信息，网上购物拿返利等
豆蔻街	http：//www.dokojie.com	可以分享购物乐趣，不仅可以拥有大量时尚、网购高手的朋友，还能欣赏各种千姿百态的时尚和美
寻购网	http：//www.hoyodo.com	中国领先的网上购物优惠社区，可以与百万网友分享网上购物乐趣，还可获得最可靠的优惠打折信息，网上购物拿返利
别挑网	http：//www.bietiao.com/	百万网友的个人购物收藏夹，在这里分享购物经验、收藏搭配秘籍
E天空	http：//www.12esky.com	数百万爱美丽 MM 一起修炼变美的购物分享社区。各路扮美达人分享美人心计、购物经验、搭配秘籍、当红好店
淘帮惠	http：//www.taobanghui.com	淘宝网购物达人分享社区，标准购物分享网站。提供淘宝网购物分享、讨论、收藏、购买等一系列服务，并且可以和几十万纯买家晒真人搭配、分享购物经验
八路铺	http：//www.balupu.com	一个体验式购物分享社区，为网友提供购物信息的分享、败家经验的交流，免费试用，有奖征文，淘宝淘折扣等

6.4.2 博客推广

博客推广是最常用、行之有效的一种推广方法，本节介绍如何使用博客进行推广。

1. 选择人气较高的博客平台

博客推广是一种软性营销，要进行推广，一定要找人气旺的平台，如新浪、搜狐、网易等，图 6-17 所示为网易博客。

2. 推广内容的选择

博客内容的选择是非常重要的，只有通过好的内容吸引更多的浏览者，才能有效地宣传网店和产品。博客的内容要与推广的产品相关，比如，卖女装的店铺，博客的内容可以是时尚、穿衣打扮类，不能生硬地将广告放在博客里，要用委婉的方式表达，比如，写"今夏最流行的个性穿搭"一类的文章，然后配自己产品的图片，并在图片上放置店名、店铺二维码等信息，以便别人能找到你的店铺，达到推广的目的。文章中的广告不能太多，不要把博客文章变成了广告文，这样浏览者会觉得这就是一个广告栏。

图 6-17

3. 博客的宣传推广

博客本身也是需要宣传推广的，关注博客的人多了，才能更好地推广店铺。要积极参与网内的博客活动，积极地推广自己的博客，在 QQ 签名里，在论坛签名位上，除了自己的网店地址，也不要忘记加上自己的博客地址。

同时还可以加入博客圈，和其他博主互踩和留言、主动加其他博主为好友、互相加关注，与其他博客友情链接和写文章互相推荐，这都能带来大量的目标关联流量。

6.4.3 微博推广

使用微博作为推广平台，每一个粉丝都是潜在营销对象，卖家可以利用更新自己微博向网友传播店铺与产品信息，或者与好友交流一些大家都感兴趣的问题，以此达到营销目的。比较知名的微博有很多，如新浪、搜狐、腾讯等，选择一个好的微博平台也是很重要的，用户多的微博平台给你带来的流量会很高，图 6-18 所示为新浪微博。使用微博推广有以下技巧。

1. 使用微博的基本设置

对于头像、昵称等基本信息，最好用真实的资料，能增强信任感，提高被关注的概率，吸引更多的粉丝。标签可以设置为与推广内容相关的，这样微博会推荐有共同标签或共同兴趣的人加关注。标签尽可能多设置一些，这样被搜索到的概率就更大。

2. 发布微博内容的技巧

微博内容要符合大众喜好，引起较高的关注度，将推广与热门话题巧妙地结合，引起人们的注意，从而达到推广的目的。在新发微博的时候不要急着推广，要等到关注的人多了之后再进行推广，这样转载和评论的粉丝才会更多。

图 6-18

3. 微博的数量在精不在多

一个人精力是有限的，杂乱无章的内容只会浪费时间和精力，也不能引起别人的关注，所以要做精，出精品才会取得好的效果。

4. 要控制推广数量

微博不是单纯的广告平台，微博的意义在于信息分享。要注意话题的营养、趣味等。凡事都要有个度，广告内容的发布不能太频繁，也不能连续发布，若经常发布大量的广告，只会让关注度下降，甚至被取消关注，得不偿失。

5. 开展活动

可以开展有奖转发、有奖关注等活动，让更多的人转发和关注，从而达到推广的目的。

6. 提升微博的活跃度

主动寻找一些微博用户收听，你收听别人了，别人一般都是会回听你的。转发和评论别人的微博，别人也会来回复你，互动多了微博的活跃度也就高了。多加入一些微博群，它也是一个能让你展示自己的渠道，微博群有各种各样的人，总会有人对你感兴趣。

6.4.4 微信推广

朋友圈相当于一个自己和好友的互动圈子，卖家可以利用朋友圈为宝贝做一些宣传推广，将宝贝信息发到朋友圈。具体操作步骤如下。

第1步 打开微信，单击【发现】链接，在该界面中单击【朋友圈】链接进入【朋友圈】页面。❶单击右上角【相机】按钮，如图6-19所示。

第2步 选择拍照或从手机相册选择宝贝图片，输入一些关于宝贝图片的文字叙述；❷设置公开或私密的方式等；单击【发送】按钮，如图6-20所示。

第3步 发送完毕后，圈内的朋友即可查看到所发的图片及文字，还可对照片进行评论或点赞，如图6-21所示。

图 6-19

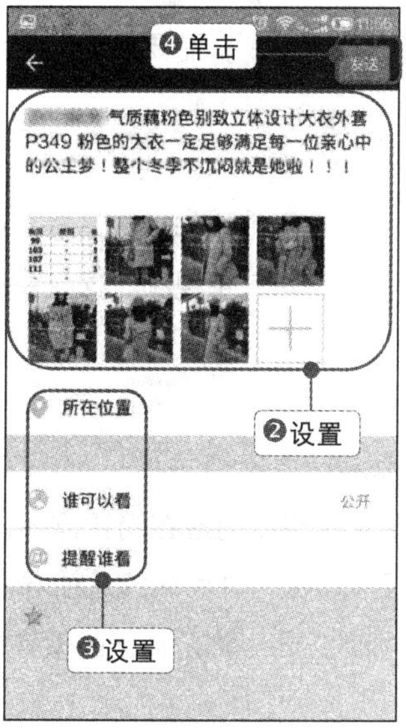

图 6-20

图 6-21

问：微信推广有什么技巧呢？

答：微信推广是现在很多人都非常关注的，进行微信推广有以下技巧可供参考。

① 微信互推是最好最快的微信推广方法，如果帮助别人做推广，别人也会乐意帮你推广。

② 在热门网站回帖，可以将二维码做成签名图片，这样每一次评论都是在做宣传推广，而且不容易被删。

③ 进行线上、线下的活动推广。线上可以在微信里发起活动，如介绍身边的朋友即可获得折扣礼品等。线下也可以推出多种活动，如客人关注微信即可享受折扣。

④ 把内容做好，粉丝会主动把好的内容分享到朋友圈，这样也能吸引粉丝关注。

6.4.5 视频推广

视频推广能够更精确地找到潜在消费者，本节介绍视频推广的形式、视频推广的优缺点以及如何进行视频推广。

1. 视频推广的形式

视频推广的形式有广告视频和充当载体的视频两种形式。

(1) 广告视频

使用单纯的广告视频来进行产品的推广,需要广告的制作非常有创意,推广后很难被转载流传。

(2) 充当载体的视频

将一段视频作为载体,在视频中适当地添加推广信息,通过视频本身的创新立意来吸引观众的眼球,达到转载的目的,称为病毒营销视频。这是一种一劳永逸的方法,其推广的效果也是非常明显的。

2. 视频推广的优缺点

广告视频和病毒营销视频的优缺点各不相同。

① 广告视频能够精确地找到企业想找的潜在消费群体,虽然广告视频点击量没有病毒营销视频大,但是其创造的价值更大,因为其面向的是精准客户,能够带给企业可见的利润。如罗辑思维视频会在视频中直接插入广告,推广自己的微信账号,这种推广方法转化的粉丝非常精准,比较容易产生价值。

② 病毒营销视频的优点在于广泛的点击量及转载量,其给企业带来的利润可能并不那么直接,但是其创造的品牌效应是巨大的。这种推广形式较为隐蔽,可以避开视频网站的审核,但转化率较低。

3. 如何进行视频推广

进行视频推广的方法有以下几点。

① 视频的推广可以通过标题和描述的设置获得好排名,要让标题足够吸引人,这样才能够让人观看和转载。

② 选择高人气的视频平台,如腾讯、搜狐、百度影音、PPS、PPTV、56、酷6、网易、优酷、土豆、爱奇艺等,如图 6-22 所示,这些网站都可以上传自制的视频。上传视频,也

图 6-22

就是加载的过程中,填写视频介绍时要加入重要的关键词,因为用户搜索的结果来源于输入的关键词。

③ 想要推广视频,除了把视频放到相应的视频网站,还可以把视频放到论坛、博客和微博等处。

6.4.6 网红推广

随着电商的飞速发展,网红行业悄然升级,已成了一种职业。网红店铺的销量不亚于知名品牌,目前淘宝平台上销售前十的女装店铺中,一半以上都是网红店铺,图6-23所示为一家两金冠的网红淘宝店铺。

图 6-23

1. 如何寻找网红合作

① 在微博寻找网红,给他们留言,介绍合作的产品,表达合作的意图,获得回应后,再与他们详谈合作的事宜。

② 寻找能够提供网红资源的媒体公司,让其推荐适合的、形象正面、负责任的网红。

③ 在微淘寻找网红,微淘网红有着庞大的粉丝群体,他们所发布的微淘会直接进入微淘的精选或者红人区。微淘网红都有自己专攻的类目,可以寻找一些与自己行业相符的红人,通过私信联系他们。

2. 网红推广需要注意的几个事项

寻找网红推广,一定要注意几个非常重要的事项。

① 网红的类型千姿百态，除了貌美肤白的妙龄少女，还有像罗胖一样极具亲和力的大叔型。寻找的网红的类型，要与行业特性相符，才能最大限度地发挥网红的价值。

② 在与网红的合作过程中，对于经济利益的分配需要提前做好规划，从而保证在合作过程中没有分歧，达成一个长期有效的合作模式。

③ 不要找负面形象的网红推广，负面网红虽然关注度很高，但却不能带来与其关注度成正比的经济价值，并且会损害我们店铺的形象，所以一定要找形象正面的网红帮助推广。

本章小结

本章主要讲解了百度推广、QQ推广、论坛推广、其他外部推广方式等相关内容，通过本章内容的学习，希望读者能够认识和掌握手机淘宝店铺的外部推广与引流的技能。

数据分析与运营：生意参谋、引流与转化

本章导读

淘宝店铺的运营与管理，需要学会分析数据，以数据为导向对产品数量、类型进行管理，同时还要掌握引流与转化流量的技巧。带着这些问题，我们进行本章内容的学习。

知识要点

通过本章内容的学习，用户能够学习如何使用生意参谋分析数据以及如何引流与转化。本章需要掌握的相关技能知识如下。

- 使用"生意参谋"分析店铺数据
- 提升手机淘宝流量的诀窍
- 提升手机店铺转化的技巧

7.1 使用生意参谋分析店铺数据

淘宝致力于将生意参谋平台打造成"为全体商家提供一站式、个性化、可定制的商务决策体验平台",更好地帮助商家做好数据化运营,真正实现大数据商业。本节将详细介绍生意参谋的使用。

7.1.1 认识生意参谋的重要性

生意参谋是对淘宝天猫店铺实行数据分析及精准化营销的一个工具,是由阿里巴巴官方数据团队出品的店铺数据化、精细化经营分析工具,网址为 http://sycm.taobao.com。

通过生意参谋可以看清店铺经营状况:人(流量)、货(商品)、钱(交易);还可以提升精细化运营能力:实时直播(及时性)、无线专题(多终端)、竞争情报(结合行业)。它可以帮助卖家做到知己知彼,及时掌握客户点击情况并了解市场动态。它按照数据分析、问题诊断、优化提高等环环紧扣的逻辑设计,帮助用户分析曝光、点击、反馈等效果,有针对性地给出诊断结果,并提供解决方案。

2016年,生意参谋累计服务商家超2000万,月服务商家超500万;月成交额30万元以上的商家中,逾90%在使用生意参谋;月成交金额100万元以上的商家中,逾90%每月登录并使用生意参谋达20天次以上。

7.1.2 生意参谋的页面组成

生意参谋有实时直播、经营分析、市场行情、自助取数、专题工具、数据学院六大板块,本节将详细介绍。

1. 首页

生意参谋首页全面展示店铺经营全链路的各项核心数据,包括店铺实时数据、商品实时排行、店铺行业排名、店铺经营概况、流量分析、商品分析、交易分析、服务分析、营销分析和市场行情,如图7-1所示,让卖家可以及时掌握店铺的核心数据,打造专属卖家的数据工作台。

图 7-1

2. 实时直播

提供店铺实时流量交易数据、实时地域分布、流量来源分布、实时热门商品排行榜、实时催付榜单、实时客户访问、实时直播大屏模式等功能，使卖家能洞悉实时数据，抢占生意先机。

（1）实时概况

提供店铺实时的概况数据，主要包括实时支付金额、实时访客数、实时买家数，以及对应的排名和行业平均值，在页面右上角可以分别查看"全部终端、PC 端、无线端"3 种模式，如图 7-2 所示。

图 7-2

（2）实时来源

分别提供了 PC 端与无线端的实时来源，可以帮助卖家精确了解无线端来源分布，如图 7-3 所示。在地域分布地图中可以精确地查到每个省的访客数，如图 7-4 所示。

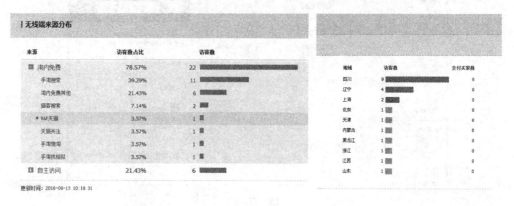

图 7-3　　　　　　　　　　　　图 7-4

（3）实时榜单

在实时榜单中可以看到访客数和支付金额前 50 的排行榜，并且还提供搜索功能，支持查询商品的实时效果数据，如图 7-5 所示。

（4）实时访客

在实时访客中可以实时洞察店铺情况，查看实时入店来源，如店铺收藏、宝贝收藏、购物车、直通车、钻石展位、淘宝客、淘宝搜索、天猫搜索等实时访问宝贝的情况，如图 7-6 所示。

图 7-5　　　　　　　　　　　　图 7-6

3. 经营分析

经营分析有流量分析、商品分析、交易分析、营销推广五大功能。单击"经营分析"标签，在页面左边可以选择查看此五大功能。

（1）流量分析

流量分析展现全店流量概况、流量来源及去向、访客分析及装修分析，在识别访客特征的同时了解访客在店铺页面上的点击行为，从而评估店铺的引流、装修等健康度，帮助卖家更好地进行流量管理和转化，如图 7-7 所示。

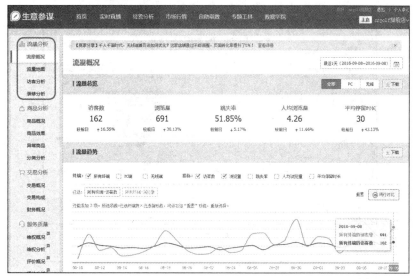

图 7-7

（2）商品分析

商品分析提供店铺所有商品的详细效果数据，目前包括四大功能模块，即商品概况、商品效果、异常商品、分类分析。可以让卖家了解哪些宝贝有潜力成为爆款，哪些商品存在问题，如图 7-8 所示。

图 7-8

（3）交易分析

交易分析包括交易概况和交易构成、财务概况三大功能，可从细分店铺交易情况，方便商家及时掌控店铺交易情况，同时提供资金回流行动点，如图 7-9 所示。

（4）服务质量

在"服务质量"中可以查看维权概况、维权分析、评价概况、评价分析、单品服务分析等数据，如图 7-10 所示。

图 7-9

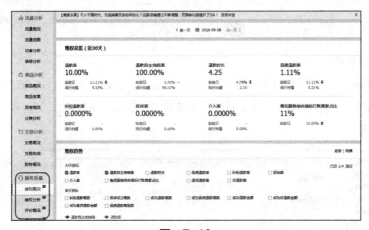

图 7-10

（5）物流分析

在"物流分析"中可以查看到物流概况，包括物流总览、物流趋势等数据，如图7-11所示。

图 7-11

（6）营销推广

营销推广包括营销工具、营销效果两大功能，可帮助商家精准营销，提升销量，如图7-12所示。

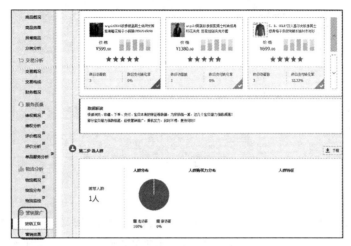

图 7-12

4. 市场行情

市场行情包括行业洞察、搜索词分析、人群画像三大功能。

（1）行业洞察

行业洞察具备行业直播、行业大盘分析、品牌分析、产品分析、属性分析、商品店铺多维度排行等多个功能，如图7-13所示。

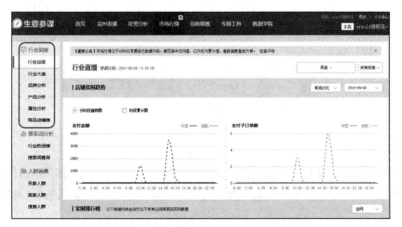

图 7-13

（2）搜索词分析

搜索词分析有行业热词榜和搜索词查询两大功能，如图7-14所示。搜索词分析可以查看行业热词榜，还能直接搜索某个关键词，获取其近期表现。通过搜索词分析可以分析行业热搜词、关注词的变化。

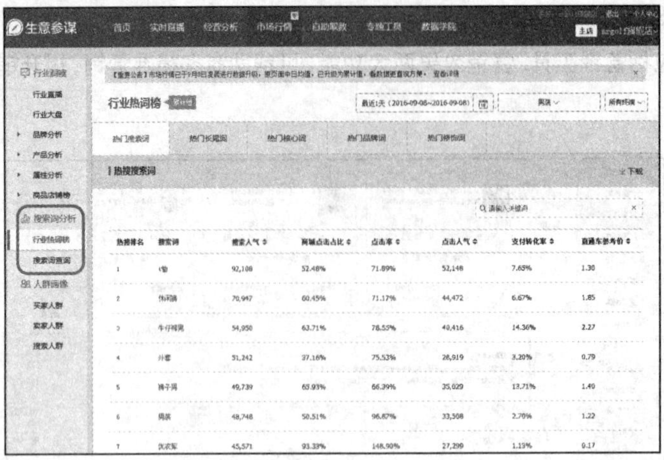

图 7-14

（3）人群画像

人群画像直接监控买家人群、卖家人群、搜索人群三大人群，如图 7-15 所示。可以从属性分析、行为分析、对比分析、购买偏好等方面了解卖家与买家的人群特征。

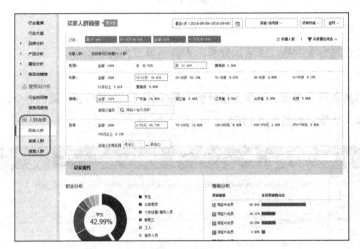

图 7-15

5. 自助取数

自助取数是可供商家自由提取数据的工具，可提供不同时段（如自然天、自然周、自然月）、不同维度（如店铺或商品）的数据查询服务，有"我要取数""我的报表""推荐报表"3项功能。

（1）我要取数

为用户提供从店铺/宝贝维度的各种指标的自由日期的查询与保存报表的功能服务。

第1步 在"生意参谋"页面中，❶ 单击【自助取数】按钮，❷ 单击左边的【我要取数】链接，如图 7-16 所示。❸ 在要取数的对象上单击选择，❹ 单击【预览数据】按钮，如图 7-17 所示。

图 7-16　　　　　　　　　　　　　图 7-17

第 2 步　打开【报表数据预览】对话框，即可查看制定日期下所选择的指标数据。也可单击【下载全部数据】按钮，下载自助取数数据表，如图 7-18 所示。

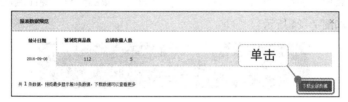

图 7-18

（2）我的报表

为用户展示已经加入报表的取数模板，提供已有查询模板的快速查询服务，如图 7-19 所示。

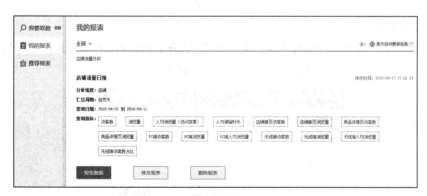

图 7-19

（3）推荐报表

由官方推荐的一些常用的取数查询模板，提供对预设指标的快捷查询入口，如图 7-20 所示。

图 7-20

6. 专题工具

专题工具目前提供竞争情报、选词助手、行业排行、单品分析、商品温度计、销量预测等专项功能，如图 7-21 所示。

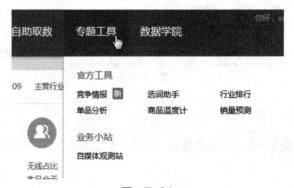

图 7-21

（1）竞争情报

竞争情报是一款提供给淘宝和天猫商家使用的用于分析竞争对手的工具，可精准定位竞争群体，分析竞争差距，并提供经营优化建议，如图 7-22 所示。

图 7-22

（2）选词助手

选词助手从 PC 端和无线端出发，主要呈现店铺引流搜索词和行业相关搜索词的搜索情况及转化情况，如图 7-23 所示。

图 7-23

（3）行业排行

行业排行主要展示六大排行榜，分别是热销商品榜、流量商品榜、热销店铺榜单、流量店铺榜、热门搜索词、飙升搜索词，无论是 PC 端还是无线端都可以分开查看。

（4）单品分析

单品分析主要从来源去向、销售分析、访客分析、促销分析 4 个角度出发，对单品进行分析，商家可从中多角度了解商品表现情况，掌握商品实际效果。

（5）商品温度计

商品温度计提供商品转化效果的数据分析，同时可对影响商品转化的因素进行检测，检测指标包括页面性能、标题、价格、属性、促销导购、描述、评价等，如图 7-24 所示。

图 7-24

（6）销量预测

销量预测可通过大数据分析，为商家推荐店内最具销售潜力的商品，并监控库存；同时，支持商家自定义监控规则，预估商品未来7天销量等。此外，可为商家提供商品定价参考，如图7-25所示。

图 7-25

7. 数据学院

单击【数据学院】按钮，进入【数据学院】页面，可以学习生意参谋的各种知识，更好地使用生意参谋进行数据分析，如图7-26所示。

图 7-26

7.1.3 生意参谋的核心功能

生意参谋作为数据分析的强大工具，具有发现店铺问题、通过单品分析打造爆款、了解行业排行等核心功能。

1. 发现店铺问题

数据分析已经被卖家广泛运用在淘宝店铺经营上。数据分析能直接反映店铺经营状况，迅速发现店铺问题，让卖家能及时调整运营策略。但是真正能让数据分析发挥其作用的却为数不多，下面我们来了解如何通过数据分析发现店铺问题。

第 1 步 通过生意参谋的流量总览，可以掌握好店铺的整体流量数据情况，自身店铺核心流量在哪部分，可以选择性查看 PC 端与无线端流量情况，如图 7-27 所示。

图 7-27

第 2 步 通过对生意参谋的流量来源做透彻的分析，了解各个端口以及流量渠道的流量变化情况，是否出现异常下降或提升，并且可以结合流量的分布情况，核算各个流量入口的实际流量占比，及时对出现流量异常的部分进行透彻分析和优化。单击【经营分析】按钮，拖动页面即可查看到详细的流量来源，如图 7-28 所示。

流量概况　最近1天（2016-09-11~2016-09-11）

流量来源排行

PC流量来源TOP10　流量地图 >

本店　同行平均

二级来源	访客数（人）	下单转化率	下单转化率变化
淘宝搜索	14	0.00%	-0.00%
	33	5.00%	↓4.94%
天猫搜索	8	0.00%	-0.00%
	22	4.76%	↓14.39%
店铺收藏	3	0.00%	-0.00%
	2	23.33%	↓53.34%
宝贝收藏	1	100.00%	-0.00%
	5	20.00%	↓20.00%
已买到商品	1	0.00%	-0.00%
	7	27.08%	↑0.59%
直接访问	1	0.00%	-0.00%
	12	11.40%	↓3.06%
淘宝海外	1	0.00%	-0.00%
	2	50.00%	↑50.02%
阿里旺旺	1	100.00%	-0.00%
	1	100.00%	-0.00%
搜狗	1	0.00%	-0.00%
	1	100.00%	-0.00%
购物车	0	0.00%	-0.00%
	9	25.00%	-0.00%

无线流量来源TOP10　流量地图 >

本店　同行平均

二级来源	访客数（人）	下单转化率	下单转化率变化
手淘搜索	63	0.00%	↓100.00%
	476	2.44%	↓0.41%
淘内免费其他	20	0.00%	↓100.00%
	111	9.04%	↑3.55%
猫客搜索	16	0.00%	↓100.00%
	49	3.57%	↑11.56%
购物车	9	0.00%	↓100.00%
	93	20.17%	↑3.17%
手淘首页	8	0.00%	↓100.00%
	59	3.70%	↑3.64%
手淘每日好店	7	0.00%	-0.00%
	13	2.43%	↓23.34%
淘宝客	6	0.00%	-0.00%
	63	4.39%	↓10.59%
手淘拍立淘	5	0.00%	-0.00%
	7	14.29%	↓14.23%
手淘收藏夹	4	0.00%	-0.00%
	3	20.00%	↑15.81%
我的淘宝	3	0.00%	↓100.00%
	98	22.22%	↑3.69%

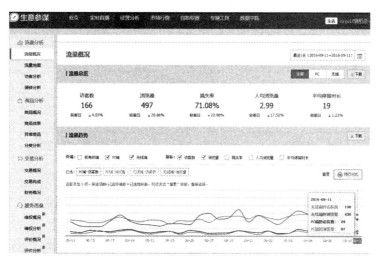

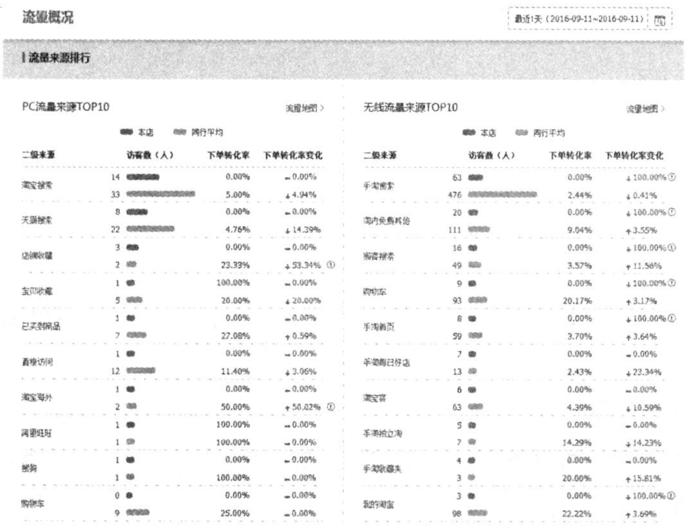

图 7-28

第3步 使用生意参谋可以及时发现异常商品并进行处理。单击【经营分析】按钮，再单击【商品分析】下的【异常商品】链接，即可查看出现流量下跌、支付转化率低、高跳出率、支付下跌等异常情况的商品，如图7-29所示。单击商品后面的【商品温度计】链接，可以查看商品的异常情况及解决的方法，如图7-30所示。

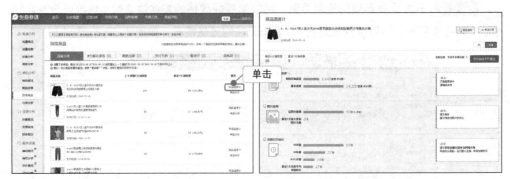

图 7-29　　　　　　　　　　　图 7-30

2.通过单品分析打造爆款

通过生意参谋中的单品分析可以查看要打造爆款宝贝的数据，查看宝贝的流量来源、销售趋势、访客的特征等。

第1步 ❶单击【专题工具】标签下面的【单品分析】链接，如图7-31所示，❷在图7-32所示的位置输入商品关键词后单击【搜索】按钮。

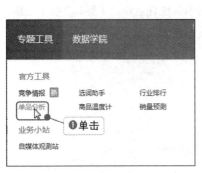

图 7-31　　　　　　　　　　　图 7-32

第2步 即可在打开的页面查看宝贝的访客数、浏览量、关键词搜索详情等数据，如图7-33所示。

3.行业排行知己知彼

通过行业排行榜，可以看到排行前100名的店铺，通过对比自己和其他商家的店铺，发现店铺的不足，提升店铺。

第1步 ❶单击【专题工具】标签下面的【行业排行】链接，如图7-34所示。生意

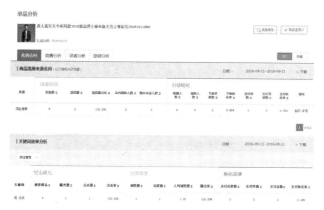

图 7-33

参谋行业排行功能有热销商品榜、流量商品榜、热销店铺榜、流量店铺榜、热门搜索词、飙升搜索词六大排行榜,如图 7-35 所示。

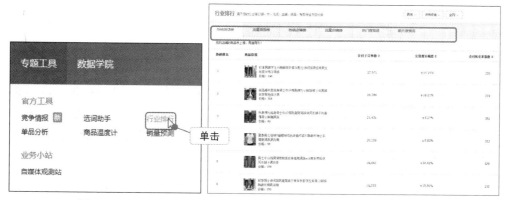

图 7-34　　　　　　　　　　　　图 7-35

第 2 步 ❶ 单击页面右上角的【所有终端】下拉箭头,可以选择不同的终端,分别查看 PC 端和无线端,如图 7-36 所示。❷ 单击页面右上角的【全网】下拉箭头,可以选择不同的店铺等级,让榜单更加精准细分,如图 7-37 所示。

 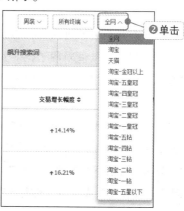

图 7-36　　　　　　　　　　　　图 7-37

7.2 提升手机淘宝流量的诀窍

引流是淘宝店铺经营非常重要的内容,那么提升手机淘宝流量的方法有哪些呢?本节将介绍优化手机淘宝搜索、提升手机淘宝的销量、优化手机淘宝的类目、优化产品主图等提升手机淘宝流量的诀窍。

7.2.1 优化手机淘宝搜索

宝贝的标题设置对手机淘宝搜索至关重要,标题中必须有一些搜索热词,有和搜索热词相关联的标题关键词。怎么把产品的主要特点在标题中描述出来,客户常搜索的关键词组合有哪些,这些都需要一定时间的数据分析。手机淘宝上通过搜索关键词进入店铺达成交易,这个比率越高,权重会越大,排名就会靠前一些。

7.2.2 提升手机淘宝的销量

手机淘宝的销量影响搜索权重,销量越好,权重越高。不管从什么渠道,用什么方式引来的流量,只要手机淘宝的成交量高,宝贝的综合排名就会靠前。并且在同等维度下,在一些特定关键词搜索中也有权重。也就是说手机淘宝店铺宝贝的销量越高,宝贝的排名在同维度情况下比其他店铺的排名要靠前。

7.2.3 优化手机淘宝的类目

类目优化是为了让店铺宝贝能更好地被搜索到,从而将宝贝放在与之最相关的类目下。淘宝类目越匹配权重,排名就会越高,也能让用户更快更准地找到自己所需要的商品。淘宝网店免费站内流量主要有两大来源:一是淘宝搜索,二是淘宝宝贝类目。淘宝类目流量是从淘宝官方分类页面进入店铺的流量。现在淘宝的排版做得越来越美观了,首页的淘宝类目也整理得越发清晰明了,很多买家会直接通过类目浏览到商家的店铺,如果店铺能做好淘宝类目排名优化,让店里的宝贝直接展示在这些类目的靠前位置,流量是相当可观的。

很多卖家可能会遇到类目划分错误的问题。假如在发布新品的时候类目划分错误,那么在搜索流量中连最基本的入门资格都没有了。如买家搜索"茶具",将会显示"厨房/餐饮用具""餐饮具"类目下的宝贝,如图7-38所示。如果你的宝贝是茶具,却没有放在"厨房/餐饮用具""餐饮具"类目下,买家就无法通过类目找到你的宝贝。

图 7-38

7.2.4 优化产品主图

要想淘宝宝贝流量提升，主图非常重要，一张优质的主图可以节省一大笔的推广费用。主图是买家搜索商品的"必经之路"，无论买家是通过淘宝搜索还是类目搜索，展现在眼前的第一张图片就是商品主图。主图的好坏决定着买家的关注程度并影响买家是否通过所看到的主图点击进入店铺，使卖家的店铺获取免费流量。

主图承载了产品的款式、风格、颜色等多个产品属性，这些特征如果能表现得特别好，无疑比文字描述更加直接地影响着买家对产品的点击率，主图的好坏直接影响免费流量的多少。那么，什么样的主图才是好的呢？好的主图设计需要做到以下几点。

1. 清晰度高

一张清晰的图片会给人一种安全感，清楚地看到产品的模样。一张模糊的图片不仅影响买家的视觉体验，还会影响商品的价值体现。主图的背景要简约，不要放过多无用的信息在上面，虚化的也一样，不要让背景喧宾夺主。图 7-39 所示为一张清晰的主图，没有过多的装饰，让买家能一目了然。

图 7-39

2. 不要忽略主图后面的图的设计

主图后面还有几个图的显示，如图 7-40 所示。这几张图往往容易被卖家忽略，但是在这几张图上添加促销文案是非常重要的。现在移动端流量占比越来越大，买家在使用手机淘宝购物时会先看一下几张主图，再决定要不要下拉加载详情页。这就需要卖家把这款产品最重要的几个卖点，用文字的形式分布到这几张图中。

3. 图像不宜过小

为了让买家能更清楚地查看商品主图的细节，淘宝的主图展示支持图像放大功能，商品主图应尽量选用大图片。自从淘宝有了这个功能后，大部分买家习惯性先用放大功能查看商品情况，再浏览详情页的部分，所以选用主图时尽量选择达到像素要求的图片。

图 7-40

图 7-41 所示为达到像素要求的主图，达到像素后，主图右侧会显示一个放大镜功能，将鼠标指向放大镜图标后，即可将鼠标指向的区域在右侧放大显示。

图 7-41

问：如果对以前的主图不满意，可以更换吗？更换后会影响排名吗？

答：更换主图建议在每天晚上12点左右，因为这样方便跟前一天的统计数据作对比，方便判断主图更换后是变好还是变坏了。主图点击率是受排名影响很大的，主图最好在下架后三天内进行测试，受到的影响比较小。更换主图时先上传到主图第二个位置，24小时后再移到第一个位置。还可以用直通车测试原来主图和准备换上去的图片，只有确定新的主图会比原来的更好，才直接换上去。当然主图不宜更换太频繁，特别是不要在更改主图的时候还更改标题和属性，因为那样容易被系统误判而降权。

大师点拨 18：打造爆款，引爆全店

淘宝店铺的自然流量大多数都是来自爆款，爆款能带动店里其他宝贝的销售，所谓"无爆款，不店铺"，图 7-42 所示为一店铺宝贝销售排行。那么，爆款是怎么来的呢？打造爆款一般分为 4 个阶段：爆款筛选期（明确目标）、培养期（投放推广）、成长期（加大推广，数据监测与跟踪）、爆款期（反馈分析）。

1. 筛选爆款

筛选爆款是从出售中的宝贝进行选款，以确保我们能把大部分精力投入在运营主推款上，那么如何筛选爆款呢？有的卖家喜欢按个人喜好选款，但是我们的主观判断不一定是准确的。这种赌博式的选款方法，缺少必要的数据参考，主观性强，失误率特别大。所以，筛选爆款要以数据为依据，并且数据不能是单一的，单一的数据会有很大的片面性和偶然性，同样会选款不准。

图 7-42

筛选潜力主推款宝贝要从各方面进行数据综合分析，确定出最有希望打造成真正爆款的宝贝。那这些数据都有哪些呢？拿到这些数据后该怎么分析呢？一般看某款宝贝是否有潜力，可以从点击率、转化率、收藏量和成交量 4 个维度的数据进行综合考量，这些数据可以从店铺目前进行的直通车推广中查看。

2. 培养期

爆款一定要有充足的货源，我们可以首先根据自己店铺实际的货源优势，确定什么样的产品是可以拿来打造的。其次，爆款的打造一定要把握好时间，要有一定的时间跨度，比如在七八月打造裙子的爆款，时间就已经太晚了。夏装的销售旺季在四五月，七八月虽然是最炎热的时候，但已经是夏装的清货期了。

在爆款打造的前期，宝贝如果没有销量，没有评价，其转化率肯定是不尽如人意的。卖家可以利用店铺的现有流量对爆款进行初期预热，可以将爆款链接设置为旺旺自动答复，这样每一位用旺旺交流的顾客都能看到推荐的这款产品。还可以将要打造的爆款宝贝放在店铺首焦的位置大力宣传。

有了一定销量后，便可以开展一些营销活动，比如参加一些淘宝的官方活动或者店铺的秒杀、拍卖、团购等。要进行这些活动，平时一定要维护好老客户群，他们绝对是帮助店铺成长的盟友。推爆款的时候，告知并卖给老客户，以最优惠的价格。通过前期销售量、客户评价等指标，卖家可以总结一下选出来的产品是否真的是能被市场认可的，以降低推爆款的风险。

3. 成长期

如果前面的预热工作效果比较理想，那么此时就意味着所选宝贝是有发力推广潜质的，并且宝贝有了高转化率基础了。这个时候，它需要的是用更多的流量来支撑它成长为爆款。

流量的引入可以从淘宝的营销活动和付费流量入手。卖家可以参加淘金币、天天特价等营销活动，这些活动不需要费用上的大笔投入，但能为宝贝快速聚集人气，累积销量。付费流量可以选择直通车、钻展、淘宝客、麻吉宝等。

这个过程有个先后顺序，先靠老顾客来破零，再用销售活动推向一个高潮，再用直通车来进行长期的推广。这样做，是让转化率和销量都有逐步提升的良性过程。到了这个时候，可以多投入一些广告，给予宝贝更多的"营养"，让它长得"更快更壮"。

4. 成熟期

经过前面的两个周期，爆款已经基本养成。这个时候，必须保持爆款以非常实惠的价格出现在买家面前，千万不要通过提高价格的方式来增加利润。爆款的本质，是为店铺带来巨大的流量，为店铺聚集人气。爆款之所以能成为爆款，其最根本原因还是它有高超的性价比，让买家能够动心。

通过爆款引入的流量，无论是否对爆款本身产生购买行为，当买家看完了爆款页面后，都应该把这些流量再次好好利用。先把流量疏导到分类页、促销页等大页面，再通过大页面引导到店铺其他宝贝的页面，或者也可以把爆款流量直接引导到其他宝贝页面。需要注意的是，如果是直接引导到其他宝贝的页面，那么请一定遵循几条原则，关联销售绝对不是把产品胡乱堆砌在买家面前。

例如，如果你卖的是T恤，你可以把与其他款式、价格相近的T恤进行关联，因为当客户从一堆搜索结果中，选择点击进入你这个爆款页面，他一定是对这个宝贝的款式和价格有一些动心，人的喜好是有相近性的，把其他相近款、价格也相近的T恤进行关联，是很有可能打动客户多买一件的。还可以关联裤子，因为购买T恤的买家，是很可能需要一条适合的裤子与之搭配的。

大师点拨19：使用"淘口令"推广引流

卖家可以将手机淘宝的商品链接以"淘口令"的形式分享给微信、QQ好友，后者复制口令即可直达手机淘宝的商品详情页。具体操作步骤如下。

第1步　下载千牛客户端登录千牛。❶单击首页中的【其他插件】图标，如图7-43所示。❷再单击【淘口令】图标，如图7-44所示。

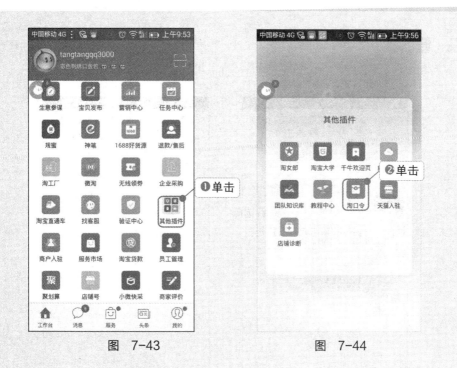

图 7-43　　　　　　　　　图 7-44

第2步 设置口令的名称，再设置起始与结束时间，❶单击【关联内容】后面的箭头按钮＞，如图7-45所示。❷在弹出的页面中单击【我的宝贝】链接，如图7-46所示。

图 7-45　　　　　　　　　图 7-46

第3步 ❶选择要创建淘口令的宝贝，单击【确定】按钮，如图7-47所示。❷输入关联内容，内容前后加符号￥，单击【完成】按钮，如图7-48所示。

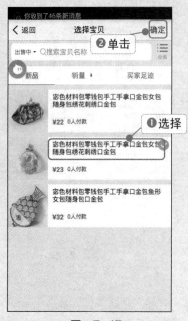

图 7-47

图 7-48

第4步 创建成功后可分享或复制，单击【分享】按钮，如图7-49所示，即可将淘口令分享到QQ、微博等，如图7-50所示。

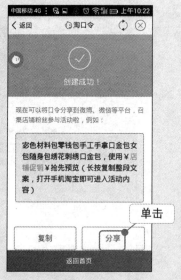

图 7-49

图 7-50

7.3 提升手机店铺转化的五大技巧

做好引流之后,接下来要考虑的问题便是店铺的转化。顾客进到了店里,如何让他们购买产品呢?如何提升手机店铺的转化呢?本节将介绍做好橱窗图片、精简手机宝贝描述、无线搭配套餐提高购买转化率、手机淘宝无线端详情页宝贝关联推荐等提升手机店铺转化的技巧。

7.3.1 橱窗图片做得越细越好

PC端的橱窗图片要求整洁、诉求准确。手机端的橱窗图片需要做得更加细致,在主图适当地放上一些产品的促销信息,后面几张图能体现一些产品特点。手机端因为展示有限,所以图片上的信息,也成为顾客购买的一个关键因素。图7-51所示商品的主图,图片是局部显示,因其卖点是魔法扫把,与其他扫把不同的是其下面的本体部分,因此图片用的不是扫把全身。主图的文字做得非常细致,将扫把与普通扫把的差异性、价格优势都表述了出来。

图 7-51

7.3.2 精简手机宝贝描述

目前很多店铺做的是直接把PC端的描述缩小后直接放入手机端描述里,这将导致整个描述过长。描述一般做到6屏就已经足够,这样不需要客户一直去花费流量,展示起来也比较快,并且很多重点信息可以取其精华。图7-52所示为手机宝贝描述的模板。

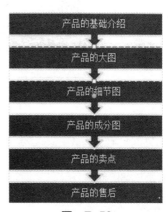

图 7-52

7.3.3 无线搭配套餐提高购买转化率

搭配套餐可以将几种商品以搭配的形式组合在一起作套餐来销售,这种营销方式很大程度上提高了卖家促销的自主性,同时也为买家提供了更多的便利和选择权,使店铺的促销活动更专业,节省人力成本,提升客单价和转化率。图7-53所示为无线搭配套餐模块。

卖家可以在【卖家中心】页面订购该款店铺营销工具,购买后即可快速创建搭配套餐,下面介绍其具体的操作步骤。

第1步 在【卖家中心】页面后台的【营销中心】栏中单击【我要推广】链接,在打开的页面单击【营销工具】栏中的【搭配套餐】图标,如图7-54所示。

图 7-53　　　　　　　　　　图 7-54

第2步 进入搭配套餐订购页面，选择服务周期，可以先免费试用 15 天，也可以单击【立即订购】按钮购买，如图 7-55 所示。

图 7-55

第3步 免费试用搭配套餐也需要订购，在付款页面单击【同意协议并付款】按钮，如图 7-56 所示。订购成功后会出现图 7-57 所示的页面。

图 7-56　　　　　　　　　　图 7-57

第4步 根据页面提示完成订购操作后,在【卖家中心】页面单击【我订购的应用】项展开按钮 >,在打开的增值服务列表中单击【搭配套餐】选项,如图7-58所示。

图 7-58

第5步 在【商家营销中心】页面单击【创建搭配套餐】链接,如图7-59所示。

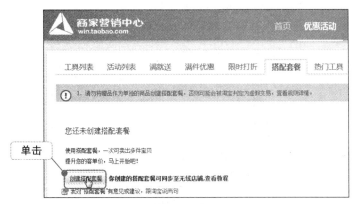

图 7-59

第6步 ❶ 在打开【创建搭配套餐】页面输入套餐标题,❷ 单击【添加搭配宝贝】按钮,如图7-60所示。

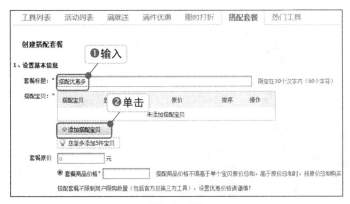

图 7-60

第 7 步　选择套餐商品，在其右侧单击【添加】按钮，如图 7-61 所示。

图　7-61

第 8 步　用相同的方法继续单击【添加】按钮来添加套餐商品，添加完后单击下方【保存】按钮，如图 7-62 所示。

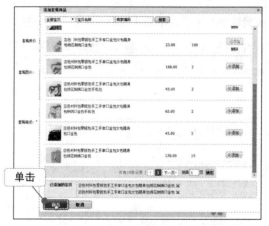

图　7-62

第 9 步　❶ 输入宝贝显示名称（显示名称必须小于等于 8 个汉字或 16 个字符），❷ 设置套餐商品价格，如图 7-63 所示。

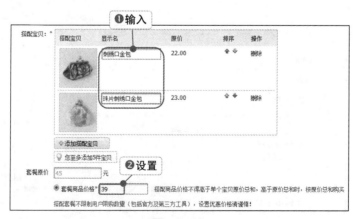

图　7-63

第10步 ❶输入套餐描述，❷设置物流信息，❸单击【发布】按钮，如图7-64所示。

图 7-64

第11步 此时即可成功发布搭配套餐，在PC端可显示搭配套餐，如图7-65所示。接下来，在手机淘宝中添加搭配套餐模块。

图 7-65

第12步 在【卖家中心】的页面左侧找到【店铺管理】选项，单击右侧的展开按钮∨显示此选项下所有菜单，❶单击【手机淘宝店铺】链接，如图7-66所示。

第13步 进入【手机淘宝店铺】页面后，页面中间会显示【无线店铺】选项，❷单击选项中的【立即装修】链接，如图7-67所示。

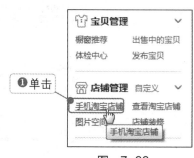

图 7-66

图 7-67

第14步 此时,进入【无线运营中心】页面,在页面中单击【店铺首页】链接,如图7-68所示。

图 7-68

第15步 在左侧模块区将鼠标指针指向【搭配套餐模块】图标,如图7-69所示。拖动指定的模块到右侧的手机页面中所需的位置后释放鼠标,即可在手机淘宝首页成功添加【搭配套餐模块】区域,如图7-70所示。

图 7-69

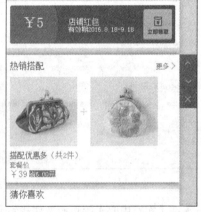

图 7-70

第16步 单击装修页面右上角的【发布】按钮,如图7-71所示,即可在手机淘宝显示搭配套餐,如图7-72所示。

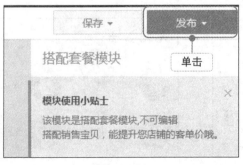

图 7-71

图 7-72

7.3.4 手机淘宝无线端详情页宝贝关联推荐

手机淘宝无线端详情页宝贝关联推荐可以让店里的宝贝获得更多的展示机会，提升转化率。下面介绍其具体操作步骤。

第1步 在【卖家中心】页面左侧找到【店铺管理】选项，单击右侧的展开按钮 ˇ 显示此选项下所有菜单，❶ 单击【手机淘宝店铺】链接，如图7-73所示。

第2步 进入【手机淘宝店铺】页面后，页面中间会显示无线店铺选项，❷ 单击选项中的【立即装修】链接，如图7-74所示。

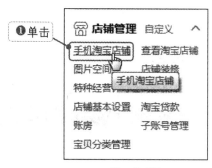
图 7-73

图 7-74

第3步 进入【无线运营中心】页面，❶ 单击左边的【详情装修】链接，如图7-75所示。在打开的页面选择适合的装修模块，找到一个有宝贝关联推荐的模板，❷ 在要选择的模板下面单击【使用模板】链接，如图7-76所示。

图 7-75

图 7-76

第4步 可以先免费试用模板，单击【立即试用】按钮，如图7-77所示。

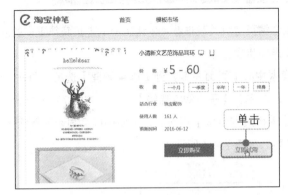

图 7-77

第5步 ❶单击要应用模板的宝贝前的单选按钮，❷在弹出的按钮中单击【编辑手机详情】按钮，如图7-78所示。

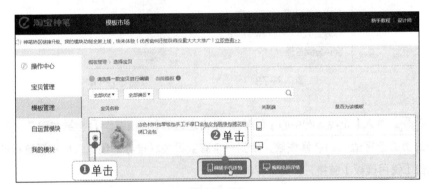

图 7-78

第6步 在模板中可以将宝贝关联图片替换为店里宝贝的图片，❶在宝贝关联的模板图片上单击将其激活，如图7-79所示。❷单击弹出的【替换图片】按钮 ，如图7-80所示。

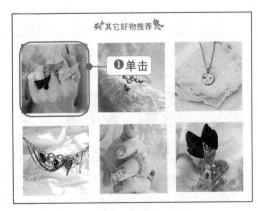 

图 7-79　　　　　　　　　图 7-80

第7步 在打开的页面中选择要替换的图片，如图7-81所示，即可将模板中的原图替换，如图7-82所示。

图 7-81　　　　　　　　　　　　　　图 7-82

第8步 如果要删除某张图片，❶先在图片上单击将其激活，❷再单击图片右上方的【删除】按钮 🗑 即可，如图7-83所示。

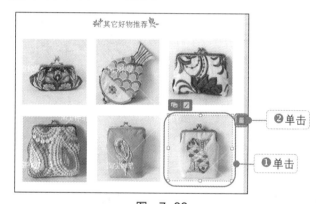

图 7-83

第9步 替换关联图片后还可以为其添加链接，在要添加链接的关联图片上单击将其激活，单击其上方的【添加热区】按钮，如图7-84所示。

图 7-84

第10步 ❶在打开的页面中单击与图片相同的宝贝，即可将宝贝链接自动添加到页面的"添加链接"文本框中，❷单击【确定】按钮，如图7-85所示。

图 7-85

第11步 回到神笔模板页面，单击页面右上角的【同步详情】按钮，即可在手机淘宝中所选宝贝的宝贝详情页应用模板，如图7-86所示。

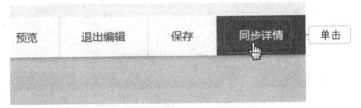

图 7-86

7.3.5 淘金币无线营销

淘金币是淘宝网的虚拟积分。在淘金币平台上，买家能够兑换、竞拍到全网品牌折扣商品，也可以兑换、抽奖得到免费的商品或者现金红包，并可以进行线上线下商家的积分兑入。卖家提供淘金币工具，可以使店铺更易获得买家的关注，提升流量和销量。卖家可以针对无线端店铺的转化、买家黏性以及场景化的互动，提供不同的店铺金币工具，通过淘金币在买家中的影响力和丰富多样的玩法，更好地维护自己的用户，从而提高转化率。本节将介绍赚淘金币营销活动推广与花淘金币营销活动推广的方法。

1. 赚淘金币营销活动推广

赚淘金币的方法有淘金币抵钱和淘金币店铺兑换，通过这两种淘金币营销活动，可以大大地提高买家的购买积极性。

（1）淘金币抵钱

淘金币专门开设淘金币抵钱频道，设置淘金币抵钱就有机会进频道展示，设置淘金币抵钱即全店商品支持买家进行淘金币抵扣。买家用于抵扣的淘金币，70%存入卖家淘金币账户，供后期店铺营销活动发放使用。开启淘金币抵钱活动的具体操作步骤如下。

第1步 登录淘宝网【卖家中心】首页,在【卖家中心后台】页面中,单击【营销中心】栏中的【淘金币营销】链接,如图 7-87 所示。

图 7-87

第2步 进入【淘金币卖家服务中心】页面,单击【立即申请淘金币账户】按钮,如图 7-88 所示。

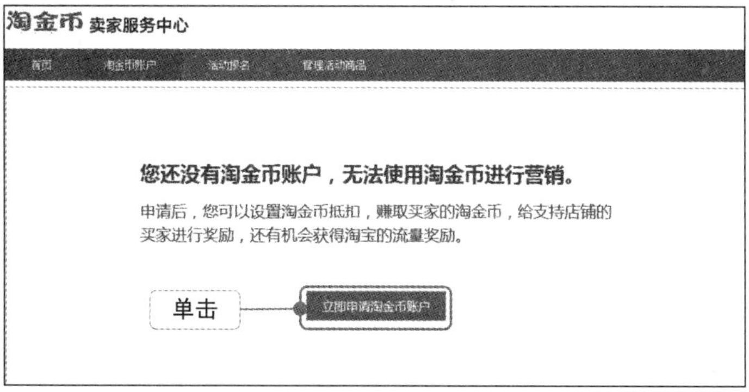

图 7-88

第3步 在打开的页面中单击【同意协议并申请账户】按钮,如图 7-89 所示。

图 7-89

第4步 在弹出的提示框中单击【确认】按钮,即可申请成功,如图7-90所示。

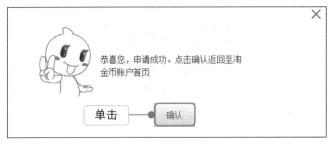

图 7-90

第5步 进入淘金币抵扣后的界面如图7-91所示。新开通的淘金币后台的金币是0,单击下面的【淘金币抵钱】按钮。

图 7-91

第6步 单击右下角的"立即运行活动"按钮,开始赚淘金币,如图7-92所示。

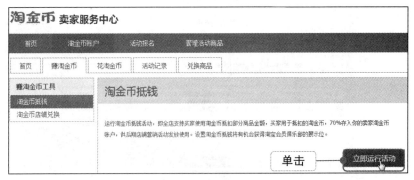

图 7-92

第7步 ❶ 设置最高可抵扣比例以及活动开始时间，❷ 单击【同意开通】按钮，如图7-93所示。

图 7-93

第8步 在弹出的提示框中确定设置后，单击【确定开通】按钮，如图7-94所示。

图 7-94

第9步 在返回的页面中单击【添加单品】按钮，如图7-95所示。

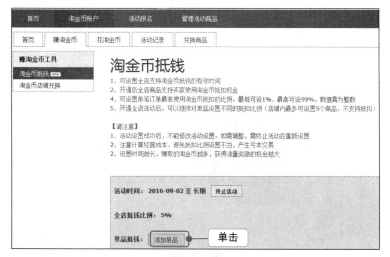

图 7-95

第10步 ❶设置单品抵扣比例，❷单击【确定添加】按钮，如图7-96所示。添加的宝贝会出现在淘金币抵钱页面的下方，如图7-97所示。

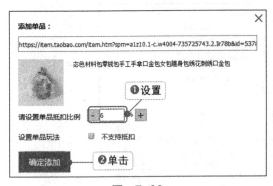
图 7-96

图 7-97

第11步 用相同的方法可以为多个宝贝设置不同的抵扣比例，设置后的宝贝会出现在淘金币抵钱页面的下方，如图7-98所示。

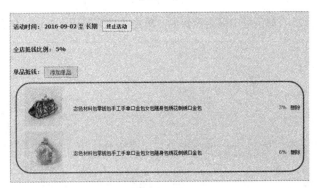
图 7-98

第12步 设置淘金币抵钱后的宝贝在PC端与手机端同时生效，图7-99所示为PC端页面宝贝淘金币抵钱的效果，显示的不是比例，而是换算后的价格。

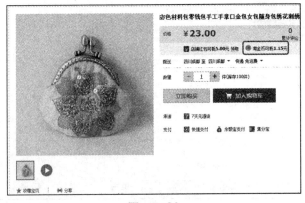
图 7-99

第13步 图7-100所示为手机端页面宝贝淘金币抵钱的效果，显示的是抵钱比例。进行了【添加单品】设置的宝贝的抵钱比例是设置时的比例，其他宝贝抵钱比例为统一设置的比例。

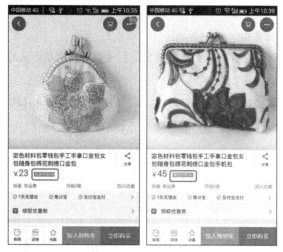

图 7-100

（2）淘金币店铺兑换

下面介绍淘金币店铺兑换的具体操作步骤。

第1步 单击【淘金币店铺兑换】中的【立即运行活动】按钮，如图7-101所示。

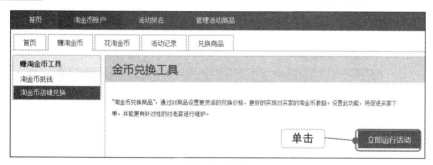

图 7-101

第2步 单击【同意开通】按钮，即可开通淘金币店铺兑换，如图7-102所示。

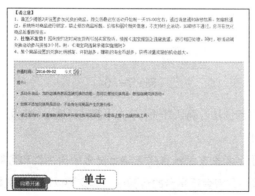

图 7-102

2. 花淘金币营销活动推广

让买家花淘金币的方法有：设置购物送淘金币、淘金币换流量、收藏店铺送金币、设置店铺签到送淘金币、评价送金币、淘口令送金币。

（1）设置购物送淘金币

设置购物送淘金币后，买家购买店里的宝贝后便可得到卖家赠送的金币。设置店铺【购物送金币】活动的具体操作步骤如下。

第1步 进入【淘金币卖家服务中心】页面，单击【购物送金币】栏中的【立即运行活动】按钮，如图7-103所示。

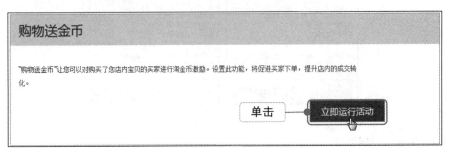

图 7-103

第2步 ❶设置活动淘金币预算个数以及活动时间；❷单击【确定开通】按钮，如图7-104所示。

图 7-104

第3步 系统会提示你是否确认开通，单击【确认开通】按钮即可，如图7-105所示。

（2）淘金币换流量

淘金币换流量赋予了卖家在营销推广策略上更多的自主性和可能性。卖家通过这个工具，可以更加有效地参与到淘金币平台的运营中。卖家可以用金币直接兑换流量和曝光，获得更多的商品和店铺展示机会。

图 7-105

进入【淘金币卖家服务中心】页面,单击【金币换流量】栏中的【立即运行活动】按钮,即可开通金币换流量,如图 7-106 所示。

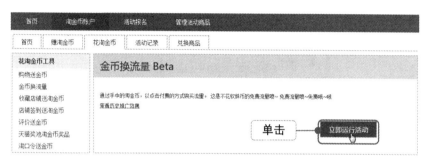

图 7-106

(3)收藏店铺送金币

下面介绍收藏店铺送金币的具体操作步骤。

第1步 进入【淘金币卖家服务中心】,单击【收藏店铺送淘金币】栏中的【立即运行活动】按钮,如图 7-107 所示。

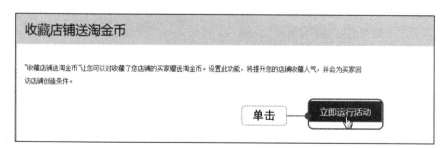

图 7-107

第2步 ❶设置"买家单次收藏店铺赠送淘金币"个数、活动淘金币预算个数及活动时间,❷单击【确定开通】按钮,如图 7-108 所示。

第3步 在弹出的提示框中确定设置后,单击【确认开通】按钮,如图 7-109 所示。

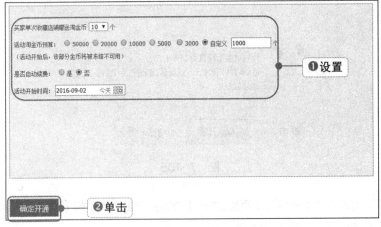

图 7-108

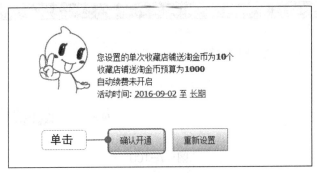

图 7-109

(4) 设置店铺签到送淘金币

店铺签到送淘金币是买家到店铺签到后,赠送一定淘金币,以提升店铺的老客户回访率。开通店铺签到送淘金币活动的具体操作步骤如下。

第1步 进入【淘金币卖家服务中心】页面,单击无线店铺签到页地址中的【一键设置】按钮,即可在手机淘宝店铺中设置送的淘金币,如图 7-110 所示。

图 7-110

第2步 设置后买家在手机淘宝店铺首页中点击【领金币】链接即可领取金币,如图7-111所示。

(5)评价送金币

下面介绍评价送金币的具体操作步骤。

第1步 进入【淘金币卖家服务中心】页面,单击【评价送金币】栏中的【立即运行活动】按钮,如图7-112所示。

第2步 ❶设置买家单次评价宝贝赠送淘金币个数、活动淘金币预算个数以及活动开始时间,❷单击【确定开通】按钮,如图7-113所示。

第3步 在弹出的提示框中确定设置后单击【确认开通】按钮,如图7-114所示。

(6)淘口令送金币

下面介绍淘口令送金币的具体操作步骤。

图　7-111

图　7-112

图　7-113

图　7-114

第1步 进入【淘金币卖家服务中心】页面,单击【淘口令送金币】栏中的【立即运行活动】按钮,如图7-115所示。

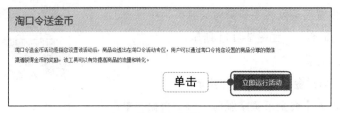

图 7-115

第2步 ❶单击【选择宝贝】按钮，如图7-116所示。❷在打开的文本框中输入宝贝链接后单击【确认】按钮，如图7-117所示。

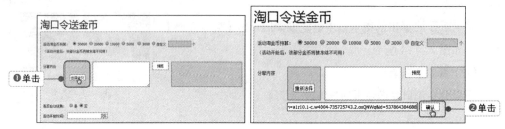

图 7-116　　　　　　　　　图 7-117

第3步 此时会显示宝贝的预览图及标题，如图7-118所示。

图 7-118

第4步 ❶单击【确定开通】按钮即可，如图7-119所示。❷在弹出的提示框中确定设置后，单击【确认开通】按钮，如图7-120所示。

图 7-119　　　　　　　　　图 7-120

大师点拨 20：用淘宝排行榜查看热门关键词

打开浏览器输入网址 top.taobao.com，即可进入淘宝排行榜，首页默认的是当日的关键词关注上升榜，如图 7-121 所示。首页下方是关键词一周关注热门榜，如图 7-122 所示。

图 7-121

图 7-122

单击不同类目，可看到当前类目的销售排行、关键词排行，如单击【化妆品】，会显示化妆品的排行，如图 7-123 所示。如果想查看其关键词排行，单击【搜索热门排行】链接。

图 7-123

此时，便可以看到化妆品的热搜关键词排行，如图 7-124 所示。卖家将相关的热搜关键词加入店铺宝贝中，便可提升店铺流量。

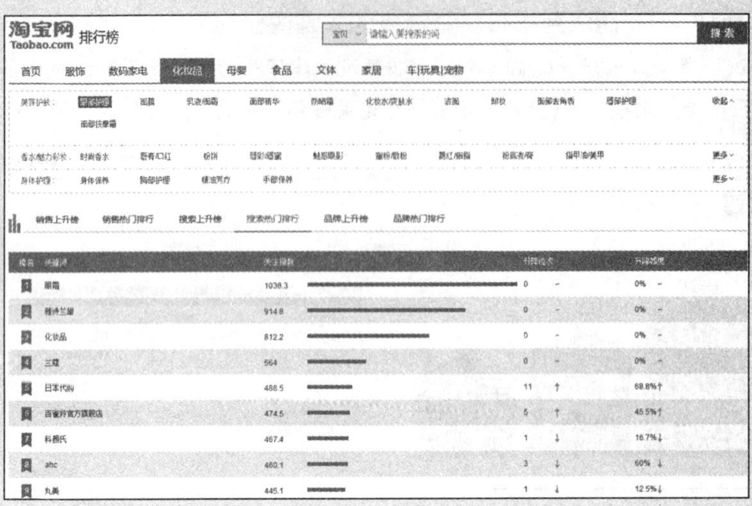

图 7-124

本 章 小 结

本章主要讲解了使用生意参谋分析店铺数据、提升手机淘宝流量的诀窍、提升手机店铺转化率的技巧等相关内容。通过本章内容的学习，希望读者能够认识和掌握生意参谋的使用以及引流与转化的技能。

第8章

服务助力营销：做好客户沟通与售后服务

本章导读

很多时候客服对成交起着至关重要的作用。本章将介绍网店宝贝交易沟通方式及相关技巧，从而让卖家快速促成宝贝交易，同时也介绍了做好售后服务的技巧。

知识要点

通过本章内容的学习，大家能够学习到如何做好客户沟通与售后服务。本章需要掌握的相关技能知识如下。
- 打造优秀的淘宝客服团队
- 做好网店售后服务
- 建立店铺顾客会员关系，维护老客户
- 无线会员营销

8.1 打造优秀的淘宝客服团队

优秀的淘宝客服团队，不仅能增加店铺的流量，还能给店铺带来好的成交量。本节将介绍如何掌握专业的淘宝客服的知识、客服应具备的服务态度以及与客户沟通的技巧。

8.1.1 客服应具备的专业知识

顾客在网上店铺只能看到图片，会产生距离感和怀疑感。通过和店铺客服人员在网上的交流，顾客可以切实感受到商家的服务和态度。那么，网店客服需要具备的知识有哪些呢？

1. 熟知商品知识

客服应当对商品的种类、型号、材质、尺寸、用途、性能、注意事项等都有所了解，最好还能了解行业的有关知识。比如，购买服装的顾客经常会让客服推荐型号，客服就应该了解什么体重、什么身高的人群适合穿什么号型。

2. 熟知淘宝网站交易流程

有的顾客可能第一次在淘宝交易，不知道该如何操作，这时客服除了要指点顾客去查看淘宝的交易规则，有些细节上还需要一点点指导顾客如何操作。此外，客服人员还要学会查看交易详情、了解如何付款、修改价格、关闭交易、申请退款、使用支付宝付款等操作。

3. 熟知发货方式

作为淘宝客服，还需要了解发货方式的相关知识，要知道不同发货方式的价格，例如物流，顺丰和普通快递的运费差异是很大的。要知道不同发货方式的速度，最快的是顺丰，一般48小时内可到达，其次是圆通、申通等快递，最慢的是物流，价格也最便宜，适合发大件货物。要知道不同发货方式的联系方式，在手边准备一份各个公司的电话，同时了解如何查询各个发货方式的网点情况。

此外，还要知道不同发货方式应如何办理查询。知道不同发货方式的包裹撤回、地址更改、状态查询、保价、问题件退回、代收货款、索赔处理等。

8.1.2 客服应具备的服务态度

客服在与买家的沟通中,对买家保持谦和友好的态度是非常重要的,作为一名好的客服,需要做到以下几点。

1. 礼貌待客,有头有尾

礼貌待客,让买家真正感受到"上帝"的尊重,买家询问之前先来一句"欢迎光临,请多多关照"或"欢迎光临,请问有什么可以帮忙吗"。诚心致意,会让人有一种亲切感。并且可以先培养一下感情,这样买家心理抵抗力就会减弱或者消失。有时买家只是随便到店里看看,客服人员也要诚心地感谢人家说声:"感谢光临本店。"结束时要说祝福的语言,如图 8-1 所示。

图 8-1

2. 保持积极态度,树立"买家永远是对的"理念

当卖出的商品有问题时,无论是买家的错还是快递公司的问题,都应该及时解决,而不是采用回避、推脱之类的解决方法。要积极主动与买家沟通;对买家的不满要反应积极;尽量让买家觉得自己是被重视的;尽快处理买家反馈意见;能补最好尽快再给买家补发货过去。除了与买家之间的金钱交易之外,更应该让买家感觉到购物的乐趣和满足。

3. 坚守诚信

网络购物虽然方便快捷,但唯一的缺陷就是看不到摸不着。买家面对网上商品难免会有疑虑和戒心,所以对买家必须要用一颗诚挚的心,像对待朋友一样,包括诚实地回答买家的疑问,诚实地告诉买家商品的优缺点,诚实地向买家推荐商品。

4. 给自己留有一点余地

在与买家交流中,不要用"肯定、保证、绝对"等字样,这不等于售出的产品是次品,也不表示对买家不负责任,而是不让买家有失望的感觉。因为每个人在购买商品的时候都会有一种期望,如果保证不了买家的期望最后就会变成买家的失望。如已卖出的商品在运输过程中,我们能保证快递公司不会误期吗?不会被损坏吗?为了不让买家失望,最好不要轻易说"肯定"

"保证"。可以用"尽量""争取""努力"等，多给买家一点真诚，也给自己留有一点余地。

5. 处处为买家着想，用诚心打动买家

让买家满意，重要一点体现在真正为买家着想，这也是人人知道的技巧。但是扪心自问："我真的做到了吗？"如果客服真能站在顾客角度，就会发现有很多不能理解的都理解了，有很多不能接受的要求也接受了。处处站在对方的立场，想买家所想，把自己变成一个买家助手。

6. 多虚心请教，多听听买家声音

当买家上门时，需要先问清楚买家的意图，需要什么样的商品，是送人还是自用，是送给什么样的人等。了解清楚买家的情况，才能仔细对买家定位，了解买家属于哪一种消费者，如学生、白领等。尽量了解买家的需求与期待，努力做到只介绍对的不介绍贵的商品给买家。做到以客为尊，满足买家需求才能走向成功。

当买家表现出犹豫不决或不明白的时候，也应该先问清楚买家困惑的内容是什么，是哪个问题不清楚。如果买家表述也不清楚，客服人员可以把自己的理解告诉买家，问问是不是理解对了，然后针对买家的疑惑给予解答。

7. 有足够的耐心与热情

常常会遇到一些买家，喜欢打破砂锅问到底。这时客服人员就需要耐心热情地细心回复，以给买家信任感，不要表现出不耐烦，即使买家不买也要说声"欢迎下次光临"。如果服务好这次不成下次有可能还会回来的。在彼此能够接受的范围可以适当地让一点，如果确实不行也应该婉转地回绝。如说"真的很抱歉，没能让您满意，我会争取努力改进"或者引导买家换个角度来看这件商品让她感觉货有所值，就不会太在意价格了。也可以建议买家先货比三家。总之要让买家感觉是热情真诚的。

8. 掌握专业知识，给买家准确的推荐

不是所有的买家对店铺的产品都是了解和熟悉的。当有的买家对产品不了解时，就需要客服人员熟悉产品专业知识。这样才可以更好地回复买家，帮助买家找到适合他们的产品。不能买家一问三不知，这样会让买家感觉没有信任感，谁也不会在这样的店里买东西的。

9. 坦诚介绍商品优点与缺点

在介绍商品时切莫夸大其词地介绍自己的商品，若描述与事实不符，最后会失去信用也失去买家，得不偿失。

8.1.3 与客户沟通的技巧

客户服务是一种技巧性较强的工作，作为网店的客服人员，更是需要掌握和不断完善与客户沟通的技巧。要能做到以下几点。

1. 换位思考

在与顾客的沟通过程中，卖家可以把自己当作是一位顾客，站在顾客的角度考虑问题，这时候你的思路才能真正贴近于顾客，才知道怎样去讲解你的商品。只有站在一个顾客的角

度来考虑问题，才知道怎样来引导顾客，你的观点、你的讲解才能引起顾客的共鸣。

2. 使用礼貌的沟通语言

礼貌的语言及友好的态度在成交中起着极为重要的作用。比如，经常会有顾客询问"能不能包邮"，回答"不行"和"真的不好意思哦"虽然表达的意思相同，但给顾客的心理感受却完全不一样。还有"恩"和"好的没问题"，都是前者生硬，后者比较有人情味。

3. 多检讨自己少责怪对方

遇到问题时，先想想自己有什么做得不好的地方，诚恳地向顾客检讨自己的不足，不要上来就先指责顾客。比如，有些宝贝细节明明有介绍，可是顾客没有看到，这时不要光指责顾客不好好看商品说明，而是应该反省自己没有及时提醒顾客。当我们遇到不理解顾客想法的时候，不妨多问问顾客是怎么想的，然后把自己放在顾客的位置去体会他的心境。

4. 诚信地对待顾客

买卖交易中，首要的是诚信，对于销售中的商品不要隐瞒任何问题，否则这些失信的行为将使您失去眼前与更多潜在的顾客。最常见的是有的商品存在小瑕疵，拿货时没发现问题，到拍摄或者检查时才发现，有的甚至到顾客要订货时才检查出问题，这些都要告知顾客。

5. 尊重对方立场

多使用"您"或者"咱们"这样的字眼，少用"我""你"，让顾客感觉我们在全心地为他考虑问题。当顾客表达不同的意见时，要力求体谅和理解顾客，站在他的角度思考问题，同样，他也会试图站在你的角度来考虑。

6. 多使用旺旺表情

旺旺表情的使用能拉近与顾客的距离，增加亲切感。初次接触多用微笑、握手，熟悉了用憨笑、大笑、干杯，结束交流后用握手、再见等表情。图 8-2 所示为丰富的旺旺表情。

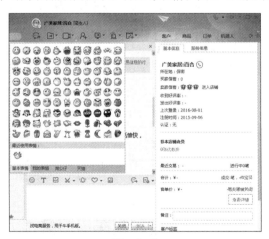

图 8-2

7. 认真倾听后再做判断和推荐

听别人把话说完，认真倾听是一种修养。要成为一个沟通高手，首先要学会成为善于聆听的卖家。当顾客未问完时，不要去打断，对顾客的发问，要及时准确地回答，这样对方才会认为你是在认真听他说话，善于理解与沟通，从而觉得被尊重，也才会对你及你的产品产生兴趣。同时倾听可以使对方更加愿意接纳你的意见，这样你再说话的时候，更容易说服对方。

大师点拨21：与买家交流时应该注意的禁忌

在与买家交流的过程中，卖家在多数情况下都是处于被动的位置，也就是买家问什么问题，卖家再进行解释和说明。在这个过程中，卖家应注意以下几个问题。

1. 不能质问买家

买家与卖家交流的目的，是为了解决其对商品存在的疑问。所以卖家在进行回答时，要保持诚恳和平和的态度，而不应采用质问的语气。是否购买商品完全出于买家的意愿，卖家要获得买家的好感，首先就要尊重买家的意愿，如果以质问的语气与买家交流，那么就会引起买家反感，进而流失顾客。

2. 不能太过直白

网上交流其实和现实中交谈是一样的，针对不同的买家，我们应当掌握交流的技巧与艺术，一些针对性强的问题，可以婉转地回答。要知道网上购物什么人都有，他们对不同商品的认知与见解程度也不同，如果买家在交流中提出较肤浅的问题，或者看似比较愚笨的问题，那么作为卖家，我们更应该巧妙地对这些问题进行回答，而不能直接指出卖家问题的肤浅性与错误性。

3. 掌握交流频率，不能太过主动

一般来说，在与买家交流过程中，卖家只要有针对性地回答买家所提出的各种问题即可，让买家占有主动发问权，而不宜太过主动。尤其是新手卖家，好不容易等来一个顾客，往往表现得过于热情，结果反而适得其反，有时候还会吓跑买家。

4. 注意沟通与辩论区别

卖家与买家沟通的最终目的是为了达成交易，所以对于买家对商品所持的不同见解，应该报以平和的心态去解释和沟通，而不应该刻意与买家进行争论。否则即使在口舌之争中占据了上风，却因此失去了买家，这对卖家来说其实是得不偿失的。

8.2 做好网店售后服务

淘宝开网店，不是将商品销售出去就万事大吉了，售后的服务同样重要。本节将介绍处理因商品质量引发的退货、处理因规格尺寸引发的退货、处理未确认收货前的退货、处理买家的中差评、处理买家的投诉、巧用评价回复取得好印象的方法和技巧。

8.2.1 处理因商品质量引发的退货

对于这类情况,卖家也需要具体分析并以良好的态度与买家协商解决。如果是商品自身原因,那么应当积极为买家退换;如果是买家原因,那么可以向买家详细说明与协商,切不可因为已经收到货款而强硬拒绝买家的任何退换货请求。另外,物流公司在运输过程中导致商品的损坏或者污损也是买家退换货的常见原因之一。如果责任属于物流公司,那么当买家提出退换货要求后,卖家应当积极联系物流公司协商处理。退换货的过程是卖家与买家协商交流的过程,是否能够得到好的解决在很大程度上也取决于双方交流的态度。对于退换货的买家,卖家应该以诚恳的态度面对。

8.2.2 处理因规格尺寸引发的退货

随着季节变化,服装行业将再次迎来新一季的消费热潮。但是退货的高峰期也随之而来,卖家商品的尺寸尺码问题、商品描述不符问题及卖家宝贝描述不详尽问题,是导致买家退货的主要原因。卖家宝贝描述应对尺寸进行相应的描述,如欧美、均码,卖家宝贝描述除了对商品进行细节特写以外,还要对商品的尺码进行真实的细节描述,比如对此款商品的码数可能会偏大或者偏小等情况应进行相应的描述,同时应有详细的尺寸对应表,如图 8-3 所示。

产品尺寸	S	M	L	XL	2XL
身高/胸围	160/84	165/88	170/92	175/96	180/100
胸围	87	91	95	99	-
腰围	67	71	75	79	-
裙长	105	106	107	108	-
肩宽	35	36	37	38	-
袖夹	40.5	41.8	43.1	44.4	-
袖长	-	-	-	-	-
摆围	106	110	114	118	-

图 8-3

如果卖家宝贝描述中选择的号码有 S、M、L、XL 等可供选择的号码,但并未进行相应的描述,同时宝贝描述下面无尺寸对应表,而后买家拍下 M 码商品后穿起来很小,要求退货。此种情况若小二介入处理,会支持给买家退货退款,由卖家承担来回运费。

对于店铺客服来说,应该具备根据自己宝贝描述情况进行解说的能力,若无法确认的情况下尽量建议消费者去看自己宝贝描述中的尺寸对应表,或者是问清楚买家具体身高体重等细节情况再给予相应的建议,不能太过肯定,尽量不要去误导消费者。

8.2.3　处理未确认收货前的退货

对于买家未确认收货前提出的退换货申请，由于卖家并没有收到来自买家的付款，因此对于买家的退换货要求需积极与买家协商处理。如果遇到无理取闹的买家，就需要向淘宝网投诉并等待网站工作人员协商解决。

8.2.4　处理买家的中差评

买家给卖家中差评不外乎3种情况，第一种是对店铺的产品和服务不满意，心里觉得气愤，因而给差评；第二种是职业差评师为了赚取不正当利益，想借此胁迫卖家；第三种是竞争对手恶意竞争。下面讲解如何对待第一种情况的中差评。

当卖家收到中差评后，应该主动联系买家，耐心地沟通，诚恳地解释，了解买家因为什么原因给差评：了解到底是因为质量不好、样式不满意还是与宝贝描述不符，或者是客服人员态度太差，又或者是送货太慢。

其实网上大部分的买家还是挺善解人意的，所以别遇到差评心里就抵触，觉得别人是故意的，或许真的是你的言语或者产品给别人造成不好的体验。

1. 质量不好或宝贝描述不符

首先应该清楚，这是我们的错误，所以买家才给我们差评的，我们应该真诚地道歉，然后和气地和买家商量解决办法。

如果买家要求换货，那我们应该爽快地答应，并主动承担买家换货邮费。而且在下一次发货时，卖家应该更加注意，仔细地检查，保证买家收到的东西是无质量问题的。要是买家觉得换货太麻烦，想直接退款，那卖家也要表示理解，并且尊重买家的选择，爽快地答应，然后第一时间退款，并且承担买家损失的邮费，卖家的错误不能由买家来买单。

2. 样式不满意

如果款式不满意就主要是买家的问题了，但切记不要因此认为买家不可理喻无理取闹，卖家应该尽量平和地与买家商量可进行换货，让买家感受到我们的诚意，并因此对店铺留下好的印象。

3. 客服服务态度差

如果是因为服务态度差，那么一定直接就进行解释，首先要诚恳地道歉，然后向买家说明具体原因，可能是客服一次性接待的人数太多，没有及时回您信息，所以十分抱歉；一定要心平气和地和买家解释。切忌听到买家的不满就急着解释，那会让买家觉得我们在推脱责任。

4. 快递运货速度太慢

快递运货速度太慢这个原因是卖家最无奈的。我们完全不能控制这个速度的。就算卖家随时跟踪物流，催着快递，而且比买家还急，可是还是不能得到买家的理解。但卖家一定要冷静下来，诚恳地向客户道歉，然后是耐心地解释。这很难做到，但必须慢慢锻炼。因为淘宝的竞争越来越激烈了，在这高手云集、皇冠数不胜数的大平台上，如果别人能做到的，你却做不到，那你凭什么赢？

大师点拨22：引导买家修改中差评

在淘宝网中，如果买家给予了差评，这时卖家要与买家协调处理。当交易得到妥善的解决后，就可以引导买家将差评修改为好评。引导买家修改评价的操作步骤如下。

第1步 登录淘宝网，单击【我的淘宝】下拉菜单中的【已买到的宝贝】链接，如图8-4所示。

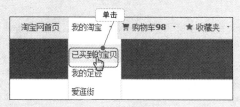

图 8-4

第2步 在打开的【我的淘宝】页面，单击【评价管理】链接，如图8-5所示。

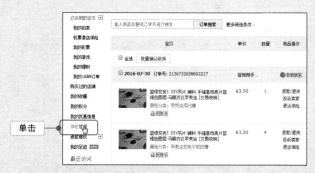

图 8-5

第3步 在【评价管理】页面中，单击【给他人的评价】链接，如图8-6所示。

图 8-6

第4步 单击要修改的评价后面的【改为好评】链接，如图8-7所示。

图 8-7

第5步 在打开的图8-8所示的页面中进行修改，❶单击【好评】选项，❷单击【确认修改】按钮。

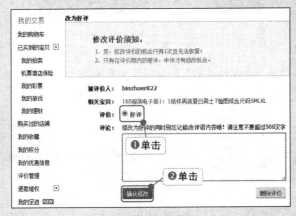

图 8-8

第6步 此时可以看到中评被修改成了好评，如图8-9所示。

图 8-9

> **问**：如何能让买家同意修改中差评呢？
>
> **答**：让买家修改中差评，态度一定要诚恳，要跟买家做朋友。可以利用相似法则，找出与买家的共同点，比如同一个地方的，认识他同一地方的朋友，在同一个城市工作过，刚去他的城市旅游过，等等。找到共同点，交朋友，再给予一定的优惠，大多数的中差评都能修改掉。

8.2.5 处理买家的投诉

如果交易过程中的退换货请求经买卖双方协商之后仍无法解决，那么任意一方都可以向淘宝网发起投诉，由淘宝网介入解决。

一般来说，交易过程中，买家投诉卖家的案例较多。购买商品的买家因为卖家的原因提出退换货，没有得到卖家妥善的解决，那么他们可能会向淘宝网客服投诉。淘宝网接到投诉请求之后，就会通过邮件的方式来联系卖家。

卖家在接到投诉通知后，仔细分析一下，如果确实属于自己的退换货范围，那么应当积极退换货并联系买家撤诉。在这样的情况下，如果仍拒不退换的话，淘宝网工作人员会根据情况来强制退款并给予卖家不同程度的处分。对于网店卖家来说，因为一次交易而得到处分是非常不值得的。

当然，如果问题确实出在买家，那么我们可以向淘宝网提供有力的证据，来证明自己不予退换的理由。只要证据够充分，他们也不会偏袒买家。

无论是哪种情况，我们都应该尽量避免遭到买家投诉，有什么问题最好在交流过程中就解决，不要等到了淘宝网工作人员那里才处理。无论最终处理结果如何，仅仅处理这些申诉的过程就会耗费卖家大量的时间和精力。

8.2.6 巧用评价回复取得好印象

在买家已经对服务及宝贝进行评价后，我们也可以利用评价来增加买家对店铺服务的好感。要善于运用评价回复解释。很多卖家认为不屑跟这些买家说理，其实围观的买家可不这么想，当遇到买家给中差评而没有解释的时候，买家会认为卖家默认了买家的指责。放弃解释就是不给自己申诉的机会，也不给买家原谅自己的机会，图8-10所示为无解释的差评。

卖家犯错误不可怕，可怕的是卖家没有悔改的意思。要让买家明白自己的态度，不要对买家的指责置之不理。在信用评价中适当解释，买家至少会认为卖家的态度好。

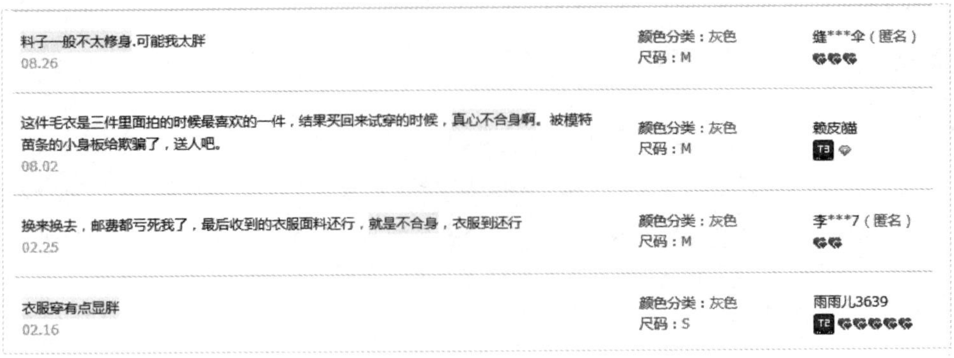

料子一般不太修身.可能我太胖
08.26
颜色分类：灰色
尺码：M
雏***伞（匿名）
这件毛衣是三件里面拍的时候最喜欢的一件，结果买回来试穿的时候，真心不合身啊。被模特苗条的小身板给欺骗了，送人吧。
08.02
颜色分类：灰色
尺码：M
赖皮猫
换来换去，邮费都亏死我了，最后收到的衣服面料还行，就是不合身，衣服到还行
02.25
颜色分类：灰色
尺码：M
李***7（匿名）
衣服穿有点显胖
02.16
颜色分类：灰色
尺码：S
雨雨儿3639

图 8-10

我们也可以使用淘宝网提供的“解释”功能来修补和买家的关系，取得最后的好印象。巧用评价回复功能取得买家好印象的具体详细操作步骤如下。

第 1 步 进入淘宝网【卖家中心】页面中，单击【交易管理】栏中的【评价管理】链接，如图 8-11 所示。

交易管理
单击
已卖出的宝贝
评价管理
采购助手
提前收款
物流管理
发货
物流工具
物流服务
我要寄快递

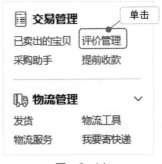

图 8-11

第 2 步 进入【评价管理】页面中，在需要解释的宝贝列表右方单击【回复】按钮，如图 8-12 所示。

单击
商城
回复
158.0元
还有 2天可以解释
回复
17.46元
还有 0天可以解释

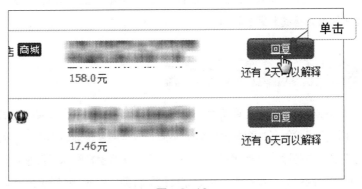

图 8-12

第 3 步 在弹出的解释对话框中，输入解释内容，单击【提交】按钮，如图 8-13 所示。

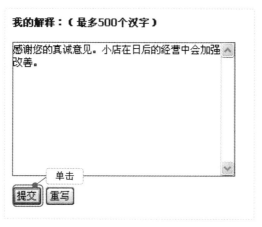

图 8-13

第 4 步 经过以上操作,当买家进入【评价管理】页面后即可看到此评价解释,如图 8-14 所示。在评价后的 30 天内,卖家可以对评价进行解释。

图 8-14

8.3 建立店铺顾客会员关系维护老客户

老客户是店铺最忠实的拥护者,对店铺的发展至关重要。那么,如何维护好老客户呢?本节将介绍建立会员制度、定期回访顾客、定期举办优惠活动等维护老客户的方法。

8.3.1 建立会员制度

开通店铺的 VIP 会员制度是为了吸引新客户,留住老客户。会员制度的建立对于网店来说是非常有必要的,能够帮助卖家和客服更好地留住买家,为防止买家流失做出有效的预防。但不同网店有不同的情况,一般在会员制的消费额度上根据网店里的商品价格而定。即便是刚刚开店,也可以较早建立会员制度,让买家感受到卖家的用心、恒心和长远规划,有助于树立卖家的诚信形象。

8.3.2 定期回访顾客

在网店经营过程中,有一批经常性的顾客,才能在竞争中立于不败之地,因此卖家应该把眼光放得更加长远一些,着力培养一些回头客,这样网店才会越做越大。

培养一个新客户难,但是做好老客户的关怀工作很容易,老客户感觉卖家人好,而且东西也不错,肯定会经常光顾,所以店铺服务一定要给买家留下深刻的印象,那么下次再买东西时还会想起你的店铺。可以定时发送一些关怀信息给自己的客户,提醒他们一些生活上的注意事项或者在节假日进行问候。

8.3.3 定期举办优惠活动

不管是实体店还是网点,定期举办优惠活动是必不可少的。哪怕是一本时尚美容杂志,都会有较为固定的节奏。网点的优惠活动也会受到实体店的影响,有浓重的节日情结。一年的头尾是春节和元旦,年中有五一、十一、中秋,另外在加上一些国外的节日,几乎每月卖家都会有特价优惠活动的理由;没有节日就以店庆为由头。总之,网店定期举办优惠活动还是很有吸引力的。

时间上要富余,定出提前的时间段,因为节日前的快递总是很紧张,卖家要极力将活动提前,并将快递紧张的情况告知买家,让买家提前下单。

有时间段,不能长时间都在优惠,即会让买家有倦怠感,对于打折没有感觉;长期下去买家会认为打折是理所当然的,一旦没有优惠即就会认为卖家涨价了。

优惠活动要应景,根据网店具体商品有原则地挑选特价商品,畅销和滞销的商品要混搭,不要一味推出滞销商品特价优惠。

大师点拨23:用赠品吸引回头客

适当地使用赠品可以培养买卖双方亲密度,并能增加回头客。让我们来详细了解一下赠送顾客赠品的好处。

1. 对议价的顾客赠送赠品

对于薄利多销、无多大利润的商品而言,如果会员仍一味地谈价、求满减的话,掌柜如咬牙不优惠,这无疑是在会员体验上减了好几分,或许一个潜在的客户就这么走了。这时候如果用赠品来换取优惠的话,也许就能挽回顾客的心。

2. 赚取好评

意想不到的"礼物"不但能带给买家欣喜,更能使买家对店铺的好感度上升。俗话说"送礼三分情",这情能使买家就算对于货物不是很满意,也会更倾向于找掌柜商量售后事宜,而非猛然间的一个中差评。

3. 增加店铺回头率

这点很容易让人理解,对于好说话,容易让步,售后又贴心的掌柜,哪个买家会选择抗拒,对于店铺的满意度和收藏率,自然会起到一定程度的提升作用。

8.4 无线会员营销

在无线运营中心(wuxian.taobao.com)可以设置无线淘宝店铺活动,本节将介绍如何在无线运营中心设置会员专享活动以及设置个人中心。

8.4.1 设置会员专享活动

"会员专享活动"是客户关系管理平台为进一步提升无线端交易,优化会员体验,特别推出的无线端"会员专享活动",可面向指定会员,设置"专享优惠活动",适用店铺各层级的会员。设置要在活动生效后才会显示,当天只能设置第二天的活动。设置会员专享活动的步骤如下。

第1步 进入【无线运营中心】页面,单击左边的【会员营销】链接,如图8-15所示。

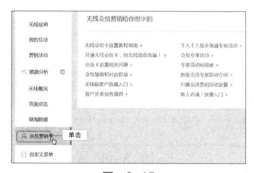

图 8-15

第2步 在打开的页面单击【设置专享活动】链接,如图8-16所示。

图 8-16

第3步　在图 8-17 所示的页面进行设置，设置好后单击【提交】按钮即可。

图　8-17

8.4.2　会员卡管理

无线端店铺个人中心，帮助商家做好无线端客户关系管理，卖家可以通过此中心实现新客下单、老客领卡、会员转化等多个功能。

第1步　进入【无线运营中心】，单击左边的【会员营销】链接。在打开的页面单击【设置个人中心】链接，如图 8-18 所示。

图　8-18

第2步　在打开的页面单击左边的【会员卡管理】链接，如图 8-19 所示。

图　8-19

第3步 在图 8-20 所示的页面进行设置即可。

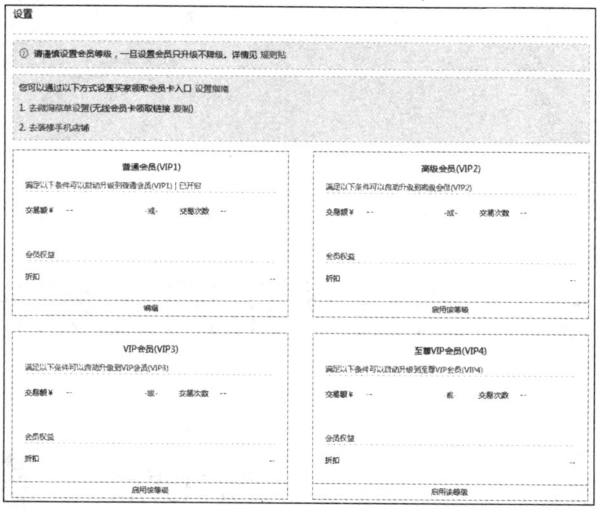

图 8-20

本 章 小 结

本章主要讲解了打造优秀的淘宝客服团队、做好网店售后服务、建立店铺顾客会员关系维护老客户、无线会员营销等相关内容,通过本章内容的学习,希望读者能够认识和掌握做好客户服务的方法和技能。

第9章

手淘开店安全：安全使用网上银行、支付宝

本章导读

网上开店必然会涉及资金的交易，尤其是经营状况良好的店铺，在网上交易的金额也会很大，因此在网上交易过程中，广大卖家必须掌握电脑安全及网店安全等方面的一些知识和技能。本章将介绍网上开店如何安全使用网上银行、支付宝。

知识要点

通过本章内容的学习，大家能够学习如何保护手机淘宝的安全。本章需要掌握的相关技能知识如下。
- 使用手机杀毒软件保护手机安全
- 手淘网店安全保障技巧
- 网上银行的安全必知与防范措施
- 支付宝使用安全技巧

9.1 使用手机杀毒软件保护手机安全

手机淘宝开店的卖家都会担心银行账号、密码被盗,这就需要使用手机安全防护软件来进行保护。下面介绍最常用的两种手机安全防护软件。

9.1.1 360手机杀毒

360安全卫士是国内受欢迎的免费安全软件之一,下面就使用360安全卫士保护手机安全的具体操作做详细的介绍。

1. 电脑体检

360安全卫士是一款免费的手机安全防护软件,可以轻松检测当前手机运行的情况是否安全,其操作步骤如下。

第1步　下载安装360安全卫士,然后运行程序,打开360安全卫士,在首页会显示手机得分,❶单击【立即修复】按钮,如图9-1所示。

第2步　此时软件会自动开始进行系统检测,❷检测完成后单击【完成】按钮,如图9-2所示。此时,会显示体检完成,如图9-3所示。

图 9-1　　　　　　图 9-2　　　　　　图 9-3

2. 病毒查杀

使用360安全卫士查杀手机中病毒的具体操作步骤如下。

第1步 ❶在360安全卫士首页单击【手机杀毒】链接,如图9-4所示。❷单击【快速扫描】按钮,如图9-5所示。

第2步 此时,360安全卫士开始扫描手机所有文件是否存在病毒,❸扫描完成后单击【完成】按钮,如图9-6所示。

图 9-4　　　　　图 9-5　　　　　图 9-6

3. 手机防盗

使用360安全卫士开启手机防盗功能的具体操作步骤如下。

第1步 ❶在360安全卫士首页单击最下方的箭头,如图9-7所示,此时会显示其他隐藏的链接,❷单击【手机防盗】链接,如图9-8所示。

图 9-7　　　　　　　　图 9-8

第2步 ❶ 单击【开启防盗】按钮,如图 9-9 所示。❷ 输入防盗密码,❸ 完成后单击【下一步】按钮,如图 9-10 所示。

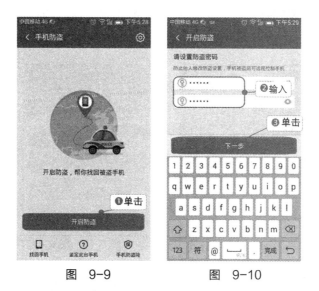

图 9-9　　　　　图 9-10

第3步 ❶ 单击【请选择亲友号码】链接,如图 9-11 所示。❷ 选择好后,单击【完成】按钮,如图 9-12 所示。此时,防盗开启成功,如图 9-13 所示。

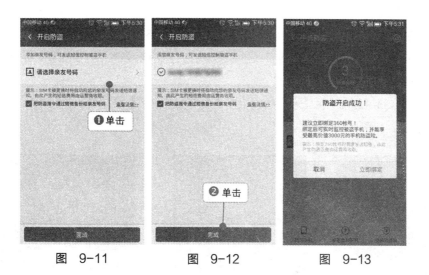

图 9-11　　　　图 9-12　　　　图 9-13

9.1.2　腾讯手机管家

腾讯手机管家是腾讯旗下一款永久免费的手机安全与管理软件,下面介绍其常用功能。

1. 电脑体检

使用腾讯手机管家可以轻松检测当前手机运行的情况是否安全,其操作步骤如下。

第1步　下载安装腾讯手机管家，然后运行程序打开腾讯手机管家，在首页会显示手机得分，❶单击【一键优化】按钮，如图9-14所示。

第2步　此时软件会自动开始进行系统检测，❷检测完成后单击【完成】按钮，如图9-15所示。

图　9-14

图　9-15

2. 病毒查杀

使用腾讯手机管家查杀手机中病毒的具体操作步骤如下。

第1步　❶在腾讯手机管家首页单击【安全防护】链接，如图9-16所示。❷单击【立即扫描】按钮，如图9-17所示。

第2步　此时腾讯手机管家开始扫描手机所有文件是否存在病毒，❸扫描完成后单击【完成】按钮，如图9-18所示。

图　9-16

图　9-17

图　9-18

大师点拨 24：定期清理临时文件

随着手机使用时间的增加，手机中的临时文件会越来越多，影响运行速度。临时文件又是很多病毒隐藏的地方，定期清理临时文件，不仅可以清理垃圾文件和潜在的病毒，还可以使手机运行速度保持在比较快的水平上。

1. 360 卫士清理临时文件

使用 360 卫士清理临时文件的操作步骤如下。

❶ 在 360 安全卫士首页点击【清理加速】链接，如图 9-19 所示。❷ 单击【一键清理加速】按钮，如图 9-20 所示。清理完成后的页面如图 9-21 所示。

图 9-19　　　　　图 9-20　　　　　图 9-21

2. 腾讯手机管家清理临时文件

使用腾讯手机管家清理临时文件的操作步骤如下。

❶ 在腾讯手机管家首页单击【清理加速】链接，如图 9-22 所示。❷ 单击【一键清理加速】按钮，如图 9-23 所示。清理完成后的页面如图 9-24 所示。

图 9-22　　　　　图 9-23　　　　　图 9-24

9.2 手淘网店安全保障技巧

现在卖家,特别是大卖家越来越重视手淘网店的安全保障。本节将介绍设置淘宝网账户密码保护、将淘宝账户与手机绑定在一起、重新设置淘宝账户密码、查看支付宝每笔交易额度等相关操作的方法。

9.2.1 设置淘宝网账户密码保护

安全问题是最常用的密码保护方式,淘宝允许用户设置 3 个密码保护问题,当忘记或遗失密码后通过安全问题即可找回密码。具体操作步骤如下。

第 1 步 在 PC 端打开我的淘宝,❶ 单击【账户设置→安全设置→密保问题设置】选项,如图 9-25 所示。

第 2 步 ❷ 在打开的页面中输入要绑定的手机号码与验证码及支付密码;❸ 单击【确定】按钮,如图 9-26 所示。

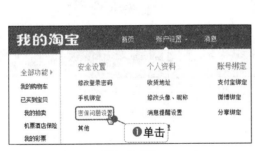

图 9-25

图 9-26

第 3 步 稍等片刻,在打开的页面中即会告知用户设置成功。

9.2.2 将淘宝账户与手机绑定在一起

我们可以将自己的手机与淘宝账号绑定,绑定后即使密码遗失,也可以通过手机短信方便地找回密码,而且绑定手机后,还能够享受来自淘宝网的各种其他服务,如手机登录、手机动态密码等。下面来看将淘宝账户与手机绑定在一起的具体设置技巧。

第 1 步 打开【我的淘宝】页面,❶ 单击【账户设置→安全设置→手机绑定】选项,如图 9-27 所示。

第 2 步 ❷ 在打开的页面中输入要绑定的手机号码与验证码,❸ 单击【确定】按钮即可,如图 9-28 所示。

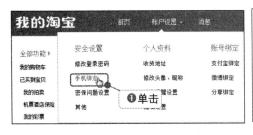
图 9-27

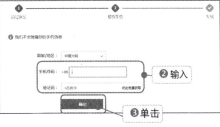
图 9-28

9.2.3 重新设置淘宝账户密码

当设置了密码保护后,如果一旦丢失或忘记密码,就可以使用密码保护功能来找回密码,通过找回密码功能并不能找回原有密码,而是直接设置新密码。下面来看设置淘宝账户新密码的技巧。

第1步 ❶在淘宝网会员登录页面单击【忘记登录密码】链接,如图9-29所示。

第2步 进入【找回密码】页面,❷在【登录名】框中输入要找回密码的淘宝账号,❸向右拖动滑块验证,❹单击【确定】按钮,如图9-30所示。

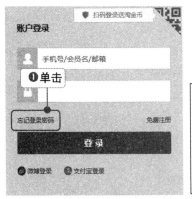
图 9-29

图 9-30

第3步 进入重新输入密码页面,❶在【新的登录密码】和【确认新的登录密码】文本中输入密码;❷单击【确定】按钮,如图9-31所示。

第4步 经过以上操作,成功重新设置淘宝账号的登录密码,效果如图9-32所示。

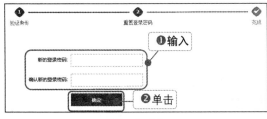
图 9-31

图 9-32

9.2.4 查看支付宝每笔交易额度

在淘宝账号中，使用支付宝进行付款时，交易额度会以办理银行卡时设置的额度为标准。如果时间久了，不清楚当时设置的额度，可以使用以下方法进行查询。查看每笔交易额度的具体设置技巧如下。

第1步 进入【支付宝】页面，❶ 单击页面右上方的【安全中心】链接，如图9-33所示。❷ 单击【保护账户安全】链接，如图9-34所示。

图 9-33　　　　　　　　　　　图 9-34

第2步 ❶ 单击【手机绑定】右方的【管理】链接，如图9-35所示。❷ 单击【账户设置】下方的【付款方式和额度】链接，如图9-36所示。

图 9-35　　　　　　　　　　　图 9-36

第3步 单击【网上银行限额】右方的【查看】按钮，如图9-37所示。

图 9-37

第4步 选择支付宝的银行，如【建行】，单击【点此查看】链接，如图9-38所示。

打开建行网上银行的限额页面，在该页面中即可查看设置的额度，如图 9-39 所示。

各银行的网上银行支付限额总表

各银行支付限额总表				
银行	支付产品种类	如何办理	限额	支持卡种
工行	柜面注册存量静态密码/电子银行口令卡/U盾/E卡	电子银行口令卡可以携带有效证件和注册过网上银行的银行卡到工行营业网点免费领取,请在领取时向工作人员说明开通"电子商务"功能；U盾也需要到柜台去开通 （注：工行企业版的支付限额以在银行设置的限额为准）	点此查看	信用卡/储蓄卡
招行	专业版/大众版	1）大众版，可通过柜台、电话银行和网上注册任何一种方式开通。 2）专业版，需持身份证件及银行卡去招行柜台开通。	点此查看	信用卡/储蓄卡
建行	动态口令卡用户/网银盾用户	需要拿身份证和龙卡去建行柜台签约开通 （注：建行企业版的支付限额以在银行设置的限额为准）	点此查看	准贷记卡/储蓄卡/信用卡

图 9-38

建行网上银行的限额

银行卡种类	银行卡类型	方式	网银支付方式	限额
储蓄卡	个人	充值和付款	账号支付，需要预留的手机号接收验证码	单笔5000元、单日5000元
储蓄卡	个人	充值和付款	办理动态口令	单笔5000元、单日5000元
储蓄卡	个人	充值和付款	一代网银盾用户	单笔5万元，单日10万元
储蓄卡	个人	充值和付款	二代网银盾用户	单笔50万元、单日50万元
储蓄卡	公司	充值和付款	——	以银行设置为准
信用卡	个人	付款	账号直接支付，需要预留的手机号接收验证码	单笔500元、单日500元
准贷记卡	个人	付款	办理动态口令	单笔5万元、单日5万元
准贷记卡	个人	付款	办理网银盾	单笔50万元、单日50万元

网银限额取决于银行的控制，若在银行设置的网上支付额度低于以上限额，以银行设置的为准，建设银行服务热线：95533

图 9-39

大师点拨 25：需要注意的 5 个手机安全性问题

如今智能手机和平板电脑早已融入了我们的生活，随之而来的智能手机安全问题也越来越凸显，手机支付漏洞、手机远程定位、手机信息泄露等问题严重地威胁到人们的隐私。那么，需要注意哪些手机安全性问题呢？

1. 不要轻易点击陌生链接

不要轻易打开陌生地址，对于涉及个人敏感信息、支付资金账号的网站，尽可能记住域名以主动输入的方式进行访问。如果点进钓鱼链接，会被偷偷植入木马和恶意软件，从而窃取信息。

2. 不要连接不安全的无线网络

用户在公共场合免费 Wi-Fi 上网越来越方便了，但免费 Wi-Fi 存在各种网络陷阱、钓鱼诈骗等不安全因素。在提供免费 Wi-Fi 的消费场所，用户最好主动向商家询问其提供的 Wi-Fi 名称，以免接入钓鱼 Wi-Fi。尽量不要在公共场所的无线网络下进行网银支付等输入账户密码的操作。

3. 要使用密码锁定手机

无论何种系统的手机，都可以设置一个密码，有的手机设计的是连线密码，有的手机还可以设置手指指纹密码。手机屏幕关闭后即可锁定设备，不被他人轻易查看。

4. 要设置手机查找功能

开启该功能后，手机连上网络后能够通过应用程序实时查看手机位置。如果手机丢失，也可以选择清除所有内容，手机在下一次连接到网络时会自动开始操作，这样便能保证用户信息的安全。

5. 要使用安全防护软件

对于智能手机用户来说，安全防护软件的安装是必要的，它可实时更新病毒和恶意软件库，用户在手机中发现不良文件时能够及时处理，防止它们恶意损坏或窃取用户数据。同时要将手机的各种软件升级到最新版本，打开自动更新，以便经常下载补丁程序封堵漏洞。

9.3 网上银行的安全必知与防范措施

作为淘宝卖家，经常用到网上银行，必须要知道网上银行的安全防范措施。本节将介绍安全开通网上银行功能以及网上银行安全的设置方法。

9.3.1 如何安全开通网上银行功能

开通网上银行功能一般有通过银行柜台开通、网上自助开通两种途径，各个银行的网上银行功能开通都支持这两种方式。

在银行柜台开通网上银行，银行工作人员会指导你安全地开通网上银行功能，你只需要记住网银密码即可。

在网上自助开通网上银行功能，需要注意更多安全技巧，开通网上银行的步骤如下。

第1步 办理一个要开通网上银行的账户，使用该账户来开通网上银行功能。

第2步 ❶登录银行的官方网站。进入百度搜索需要开通网银的银行名字，如图9-40所示，❷在搜索结果中单击有"官网"标志的链接进入银行网站。

图 9-40

第3步 准备好真实的身份资料。身份资料必须是真实的，请不要随意或胡乱填写注册资料。这些资料对你的账户而言是十分重要的。一旦将来忘记账户的密码、账户被盗或被限制使用等问题发生，才能正确快速地处理账户问题。

第4步 填写完整的资料。一般情况下，能够联络到你的邮政通信地址、电话、生日、真实姓名等都是必须要填写的。信息越完整，在处理账户非常情况时将会越省事。

第5步 设计好密码、安全提示问题等重要信息。

① 尽量使用长密码(最少8位以上)，并且不要使用纯数字密码，最好将大小写字母、数字组合起来作为密码。

② 切忌简单地使用生日、姓名等信息作为密码，身份信息一旦被泄露，密码很容易被破解出来。

③ 网上银行密码最好不要与其他网络账户密码一样或相近,如果其他网络账户一旦被泄露则网络银行账户也岌岌可危。

第6步 资料及密码信息存档备查。尽量不要将资料及密码信息存在电脑里面,并且不要有明显的"网银密码"等信息出现,以自己能理解的方式记录即可。

第7步 下载安装数字证书。建行等多数银行必须下载安装数字证书后才能成为网上银行"普通用户",才可使用网上银行进行小额交易等操作。

第8步 务必申请网银交易U盾。网银交易过程的动态验证信息都存储在U盾中,即使账号被盗,没有U盾也是无法完成网银交易的。

9.3.2 如何设置网上银行安全

成功开通网上银行功能后,需要对网上银行账户进行一些必要的安全防护设置,可以对其设置私密问题和答案。

以建设银行为例,登录网上银行,单击【安全中心→安全设置→设置私密问题和答案】选项,设置私密问题和答案,如图9-41所示。

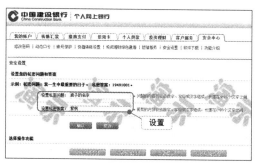

图 9-41

9.4 支付宝使用安全技巧

支付宝已成为当前最常用的一种交易支付方式。本节将介绍修改支付宝的登录密码、修改支付宝的支付密码、使用支付宝数字证书、钱包安全设置、钱包支付设置、安全使用红包等技巧。

9.4.1 修改支付宝的登录密码

注册支付宝时,需要设置支付宝密码,也就是登录密码。登录密码作为支付宝账户安全的第一道防火墙,非常重要。为了保证支付安全,建议每隔一段时间更换一次登录密码。

第1步 进入支付宝页面,❶单击【账户设置】链接,如图9-42所示。❷单击【安全设置】链接,如图9-43所示。

图 9-42

图 9-43

第2步 ❶单击【登录密码】选项后面的【重置】按钮,如图9-44所示。❷在【当前登录密码】文本框中输入当前登录密码,在【新登录密码】和【确认新登录密码】文本框中输入要设置的密码,❸单击【确定】按钮完成操作,如图9-45所示。

图 9-44

图 9-45

9.4.2 修改支付宝的支付密码

支付密码是我们在支付的时候填写在【支付密码】框中的密码,这个密码比登录密码更重要。通过支付宝支付,不管是在淘宝购物,还是在其他平台购物、支付等,都需要用到支付密码。修改支付宝支付密码的操作步骤如下。

第1步 进入支付宝,❶单击【账户设置】链接,如图9-46所示,❷单击【安全设置】链接,如图9-47所示,❸单击【支付密码】后面的【重置】链接,如图9-48所示。

图 9-46

图 9-47

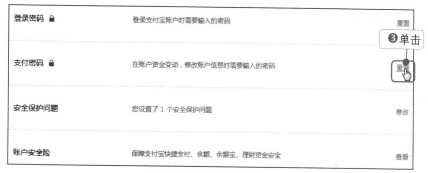

图 9-48

第2步 新打开的页面中有【我忘记支付密码了】和【我记得原支付密码】两个选项，可根据实际情况进行选择，如图9-49所示。以选择【我记得原支付密码】为例，单击【立即重置】按钮，如图9-50所示。

图 9-49　　　　　　　　图 9-50

第3步 ❶输入新的支付密码，❷再单击【下一步】按钮即可，如图9-51所示。

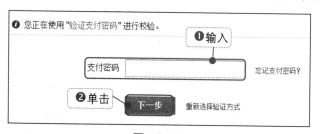

图 9-51

问：支付保密码设置时要注意些什么呢？

答：支付宝密码设置时要注意以下几点。

① 登录密码本身要有足够的复杂度，最好是数字、字母、符号的组合。

② 不要使用门牌号、电话号、生日等作为登录密码。

③ 登录密码不要与淘宝账户登录密码、支付宝支付密码一样。

④ 为了保证支付安全，建议每隔一段时间更换一次登录密码。

9.4.3 快速找回支付宝密码

如果不慎遗失或忘记了支付宝登录或支付密码,那么我们就可能无法登录到支付宝,或者无法使用支付宝进行各种交易了。这时可以通过找回密码功能来找回丢失的支付宝登录或支付密码。具体操作步骤如下。

第1步 ❶进入支付宝登录界面,单击【忘记登录密码?】链接,如图9-52所示。

第2步 ❷在打开的页面中,输入"账户名"和"验证码",❸单击【下一步】按钮,如图9-53所示。

图 9-52

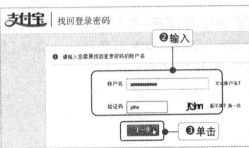

图 9-53

第3步 ❶进入找回登录密码的界面,单击【立即找回】按钮,如图9-54所示。❷单击【点此免费获取】按钮,如图9-55所示。

图 9-54

图 9-55

第4步 ❶在【校验码】文本框中输入校验码;❷单击【下一步】按钮,如图9-56所示。

第5步 ❸在打开的设置新密码页面中输入新的登录密码;❹单击【确定】按钮,如图9-57所示。

图 9-56

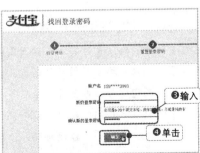

图 9-57

第6步 经过以上操作,成功设置新的登录密码,如图 9-58 所示。设置新密码后,以后就需要使用新的登录密码来进行登录了。

图 9-58

9.4.4 使用支付宝数字证书

数字证书是更高安全等级的账户保护措施,用来保证支付宝账户安全。申请了数字证书后,只有安装了数字证书的电脑上,才能使用支付宝账户支付。安装支付宝数字证书的操作步骤如下。

第1步 进入支付宝,单击【数字证书】后面的【申请】按钮,如图 9-59 所示。

图 9-59

第2步 在打开的【数字证书】页面单击【申请数字证书】按钮,如图 9-60 所示。需要注意的是,绑定的手机要能够收到验证短信。

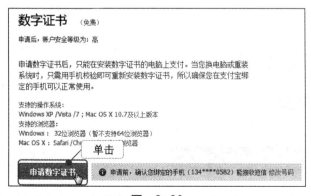

图 9-60

第 3 步　❶ 在打开的【申请数字证书】页面输入身份证及验证码，❷ 单击【提交】按钮，如图 9-61 所示。

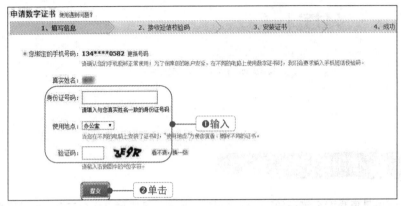

图　9-61

第 4 步　❶ 系统将校验码以短信形式发送到手机中，输入校验码，❷ 单击【确定】按钮后，即可开始安装数字证书，如图 9-62 所示。

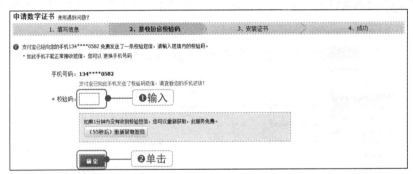

图　9-62

第 5 步　完成安装后出现如图 9-63 所示的页面，至此，数字证书安装完成。

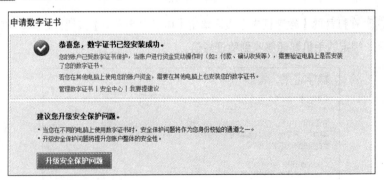

图　9-63

9.4.5　支付宝钱包安全设置

支付宝钱包是支付宝在移动设备（手机、平板电脑……）上为用户提供支付服务的

APP，能满足用户方便、快捷的使用需求。手机是易丢失物品，手机一旦丢失，支付宝账户的安全也就难以保证。因此，在使用支付宝钱包服务的时候需要对支付宝钱包进行必要的安全设置。

第1步 在手机上登录支付宝钱包，❶在底部菜单栏中单击【我的】菜单按钮，❷单击头像进入【我的信息】界面，如图9-64所示。

第2步 ❸单击【设置】按钮，如图9-65所示，❹单击【安全设置】按钮，如图9-66所示，进入安全设置。

图 9-64　　　　　　图 9-65　　　　　　图 9-66

第3步 ❶在【安全设置】界面单击【手势】按钮进入手势解锁设置，如图9-67所示，❷单击【手势密码】后面的按钮，如图9-68所示。

第4步 在图9-69的九宫格内，用手指任意划出一条连续的线作为手势密码。在接着显示的界面中再次绘制一次相同的手势密码即可完成安全设置，如图9-70所示。

图 9-67　　　　　　图 9-68

9.4.6 支付宝钱包支付方式设置

支付宝钱包可以进行人性化的设置，其具体的操作步骤如下。

第1步 进入支付宝钱包的设置菜单，单击【支付设置】按钮，如图9-71所示。

第2步 目前支付宝钱包提供免密支付、扣款顺序支付、优先使用集分宝支付、红包支付4中支付方式，如图9-72所示。其中【可用红包】即红包支付，是默认支持的，暂时不支持用户修改。

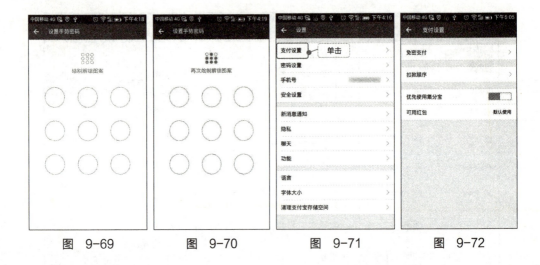

图 9-69　　　　图 9-70　　　　图 9-71　　　　图 9-72

下面介绍默认支付方式、免密支付、集分宝支付3种方式的支付设置技巧。

① "默认支付方式"，因支付方式太多，在支付环节，可能出现你不知道资金是从什么渠道支付出去的，建议将【余额支付】设置为默认的支付方式。

② "免密支付"，是指你可以设定每笔交易支付金额小于或等于一个数值（共有200元/笔、500元/笔、800元/笔、1000元/笔、2000元/笔）的时候可以不用输入支付密码而直接付款。建议关闭免密支付功能。

③ "优先使用集分宝"，集分宝是支付宝的积分服务，集分宝可以在交易的时候直接抵扣现金(100集分宝=1元现金)。无论你有没有集分宝，请你一定打开该功能。

本章小结

本章主要讲解了使用手机杀毒软件保护手机安全、手淘网店安全保障技巧、网上银行的安全必知与防范措施、支付宝使用安全技巧等相关内容。通过本章内容的学习，希望读者能够认识和掌握手机淘宝安全防范的技能。

附录　电子商务常见专业名词解释（内容见光盘）

目 录

Part 1 商家网上银行的安全须知与防范措施 / 1
1. 如何安全开通网上银行功能 / 2
2. 如何设置网上银行安全 / 3
3. 追加网上银行账户 / 6
4. 修改与设置网上银行资料 / 7
5. 电脑安全防护措施 / 9
6. 网上银行安全问题维权 / 10
7. 预防网银受骗的基本措施 / 11

Part 2 商家网上银行安全使用技巧 / 13
1. 安装网上银行插件及安全助手 / 13
2. 网上银行支付安全口令、密码等设置 / 16
3. 通过网上银行同行转账的方法 / 17
4. 通过网上银行跨行转账的方法 / 20
5. 网上银行交易明细查询 / 22
6. 如何开通手机银行功能 / 23
7. 手机银行安全交易的防范与措施 / 24
8. 如何使用手机银行进行交易 / 26

Part 3 商家支付宝使用安全技巧 / 26
1. 支付宝登录密码 / 支付密码设置 / 26
2. 修改支付宝密码保护问题 / 29
3. 使用支付宝数字证书 / 31
4. 使用支付盾服务 / 33
5. 使用支付宝账户安全保险 / 34
6. 使用支付宝向一人付款 / 35
7. 使用支付宝向多人付款 / 37
8. 使用支付宝转账到银行卡 / 39
9. 使用网上银行给支付宝充值 / 40
10. 使用快捷支付给支付宝充值 / 41
11. 利用支付宝给信用卡还款 / 43
12. 店铺红包营销安全技巧 / 44
13. 支付宝代扣服务安全防护 / 46
14. 支付宝钱包安全设置 / 48
15. 支付宝钱包支付设置 / 50
16. 支付宝钱包使用红包安全技巧 / 52

Part 4 商家微信支付使用安全技巧 / 53
1. 如何注册及开通微信支付 / 53
2. 商家微信支付安全防护 / 56
3. 商家微信支付业务审核配置 / 58
4. 商家微信支付红包安全使用技巧 / 60

Part 1　商家网上银行的安全须知与防范措施

网上银行是指银行借助网络技术向客户提供金融服务的业务处理系统。它是一种全新的业务渠道和客户服务平台，客户可以足不出户就享受到不受时间、空间限制的银行服务。现在所有银行都已开通了网上银行这项业务，无论对于网上开店的卖家还是网上购物的买家来说都带来了前所未有的方便。

但是，随着信息技术、互联网的发展和普及，网络欺诈事件呈爆发式增长。木马病毒、钓鱼网站、伪造银行网站成了网上银行安全的最大威胁，公众对网上银行安全性普遍存在着忧虑。网上银行资金被盗案件大多针对大众版用户，以"卡号＋口令"方式登录网上银行面临着安全风险，在这种情况下，通过外部方式对网上银行安全进行加密就显得非常必要。

推出数字证书的中国金融认证中心是国内金融行业经中国人民银行和国家信息安全管理机构批准成立的国家级权威的第三方安全认证机构，用户只要使用 USB Key 上的数字证书登录网上银行，就可以更好地保证安全。除了第三方的安全认证机构之外，各网上银行目前也纷纷推出了外部的加密手段，例如，建行新版网上银行新增加了密码控件、安全控件、预留防伪信息验证等安全手段，配合原有的双重密码保护、电子证书、动态口令卡等各种安全手段，可以最大限度地确保客户信息与网上交易资金的安全。工商银行也为客户提供了 U 盾、电子银行口令卡、防病毒安全控件、余额变动提醒、预留信息验证等一系列安全措施。

1. 如何安全开通网上银行功能

网上银行功能一般通过银行柜台开通、网上自助开通两种途径，各个银行的网上银行功能开通都支持这两种方式。

在银行柜台开通网上银行，银行工作人员会指导你安全地开通网上银行功能，你只需要记住网银密码即可。

在网上自助开通网上银行功能，则需要注意更多安全技巧。

（1）办理一个要开通网上银行的账户。使用该账户来开通网上银行功能。

（2）登录银行的官方网站。打开百度搜索页面，搜索你需要开通网银的银行名称，在搜索结果中单击有"官网"字样或实名认证的链接进入银行网站。

（3）准备好真实的身份资料。身份资料必须是真实的，请不要随意或胡乱填写注册资料。这些资料对你的账户而言是十分重要的。一旦将来忘记账户的密码，或发生账户被盗、被

商家网上银行的安全须知与防范措施

限制使用等问题,就能正确快速地处理账户问题。

(4)填写完整的资料。一般情况下,能够联络到你的邮政通讯地址、电话、生日、真实姓名等都是必须填写的。信息越完整,在处理账户非常情况时将会越方便。

(5)设计好密码、安全提示问题等重要信息。密码安全设计技巧有以下几点。

①尽量使用长密码(最少8位以上),并且不要使用纯数字密码,最好将大、小写字母、数字组合起来作为密码。

②切忌简单地使用生日、姓名等信息作为密码,身份信息一旦被泄露,密码很容易被破解出来。

③网上银行密码最好不要与其他网络账户密码一样或相近,如果其他网络账户信息一旦被泄露,网络银行账户也岌岌可危。

(6)资料及密码信息存档备查。尽量不要将资料及密码信息存在电脑里面,并且不要有明显的"网银密码"等文字出现,以自己能理解的方式记录即可。

(7)下载安装数字证书。中国建设银行等多数银行必须下载安装数字证书后才能成为网上银行"普通用户",才可使用网上银行进行小额交易等操作。

(8)务必申请网银交易U盾。网银交易过程的动态验证信息都存储在U盾中,即使账号被盗,没有U盾也是无法完成网银交易的。

2. 如何设置网上银行安全

成功开通网上银行业务后,需要对网上银行账户进行一些必要的安全防护设置。

（1）设置防伪信息。在网银后台安全中心设置私密信息，在登录后会看到你设置的私密信息，如果是钓鱼网站则看不到你设置的私密信息。

防伪信息设置方法以建设银行为例：登录网银→安全中心→安全设置→设置私密问题和答案→确认。

（2）设置用户名登录。一般网银默认是证件号或者银行卡号登录，你可以在网银后台设置使用用户名登录，这样能有效地隐藏你的身份等隐私信息。工商银行设置账户别名（用户名登录方式）方法：登录网银→客户服务→设置登录方式→用户名登录+网银登录密码→输入自定的用户名→检查用户名是否可用→确定。

（3）设置短信提醒服务。网上银行在登录、交易等环节都能提供短信提醒服务，设置好短信提醒服务能保障登录、交易安全。注意，接收短信的手机号码必须是你自己使用的号码。以建设银行为例设置短信提醒：登录建设银行网银→安全中心→短信服务→短信提醒→短信提醒设置→选择短信提醒功能项→输入手机验证码→确认。

（4）设置交易每日限额。对某些交易设定限额可以有效控制风险。下面以工商银行网银交易为例进行介绍。

①进入工商银行官网，在登录窗口输入账号、密码、验证码，单击【登录】按钮登录网银。

②进入主页后，在页面上方选择【安全中心】选项卡，在左侧的【安全中心】区域选择【支付限额管理】选项，在右侧即可设置交易额度，设置完成单击【提交】按钮，并根据需要进行确认即可。

3．追加网上银行账户

如果你有非网银注册的银行账户需要用网上银行来管理，你完全不必去银行柜台再办理一次网银，只需要在已有的网银账户中进行追加即可。追加的网银账户可以进行查询类的所有操作，但不能直接进行转账操作。以建设银行网银账户追加为例：登录已有的网上银行账户→我的账户→追加新账户→选择账户类型（储蓄账户、信用卡账户等）→填写要被追加的账户（卡号）、账户取款密码→设置快捷支付（实现网上小额支付）→确定。

商家网上银行的安全须知与防范措施

4. 修改与设置网上银行资料

为了保证网上银行的安全,你可能需要对账户资料进行一些设置或修改。

(1)设置或修改账户别名。账户别名(昵称)可以用来代替使用身份证或银行卡号登录网上银行。以建设银行为例:登录网上银行→客户服务→设置昵称(如果不填写昵称,则表示取消昵称登录功能)→设置登录方式(若选择只用昵称登录,则其他登录方式将失效)→确定。

（2）设置账号保护。账号未保护状态下，网银中你的银行卡号将完整显示出来，设置保护后，账户中间部分将以星号的形式隐藏起来。建设银行设置账号保护：登录网银→安全中心→账号保护→设置保护。

（3）快捷转账设置。快捷转账是方便你网银盾不在身边或不希望使用网银盾而提供的转账方式，你需要设置快捷转账的限额。建设银行快捷转账设置：登录网银→安全中心→快捷转账设置→设置（或调整限额）→确认手机号→设置限额→确认信息。

商家网上银行的安全须知与防范措施

5．电脑安全防护措施

网上银行业务都是在电脑上进行操作的，为了保障网上银行的安全，必须保证操作网上银行的设备（电脑）是安全的。

（1）使用网银证书。网银证书可以有效防范假网站和非授权用户的资金操作。另外，经过数字签名的电子交易受法律认可。

（2）网银证书的备份与保管。许多网银都使用了证书，但有些证书安装在IE中（如建设银行、农业银行、浦发银行等），有些证书则是安装在网银客户端中（如招行网银专业版）。遇到电脑出现严重的问题，重装系统是经常出现的情况，如果不提前把这些证书备份出来的话，就不得不到银行柜面上再去申请一次证书，这是一件很麻烦的事情。所以，平时保留一份网银证书的备份是非常必要的。

①如果证书安装在IE浏览器中，如建设银行、农业银行、浦发银行的证书，打开IE浏览器，选择【工具】→【Internet 选项】→【内容】→【证书】菜单命令，找到对应的网银证书，选中，然后将其导出。由于证书很多，很可能不知道哪些才是网银的证书，建议在安装网银证书时记下相关的信息，这样有助于找到网银证书。在导出时，把这些网银证书分门别类地保存下来。有些证书导出时会要求设置一个密码，以保证证书不会被他人盗用，请千万记住设置的密码。另外，这些证书导出时可能会有一个不太好记的文件名，不妨将其改得清晰一点，例如，把建行的网银证书改名为"建行网银证书"，这样很容易识别。

②如果证书安装在网银客户端中，以招商银行为例。登录招行网银专业版后，选择【证书】→【证书备份】选项，按

提示操作就可以了。与其他的网银不同，招行导出的证书不仅需要设置密码，还需要设置安全问题，例如，"我就读的小学的名字"之类，千万要记清楚问题及答案，否则以后恢复时可能会遇到麻烦，当然，这些东西也应当被妥善保存，不要让别人轻易拿到。

（3）病毒、木马的防范。病毒与木马都对网银的使用造成威胁，尤其是木马程序！而现在的木马很多都以病毒的形式传播，所以我们需要严防死守。具体来说就是安装杀毒软件和防火墙，并经常检查任务管理器与注册表，是否有不正常的情况发生。任务管理器主要检查CPU占用率是否正常，如果CPU长时间地100%被占用，这就很可能中了木马病毒，木马病毒对系统操作与资源进行全面扫描和记录的特征就使CPU占用率过高。找到占用CPU最多的那个进程，并判断是否可疑。在注册表中主要查看HKEY_LOCAL_MACHINESOFTWARE\Microsoft\Windows\Current Version\Run里面是否有可疑程序被调用。当然，也可以直接单击【开始】→【运行】命令，在【运行】对话框中输入"msconfig"，然后单击【确定】按钮，单独调出这一部分来查看。

6. 网上银行安全问题维权

应对网上支付被盗的风险，最好的手段就是注意安全并注意以下几点。

（1）登录正确的银行网站。访问网站时请直接输入网址登录，不要采用超级链接方式间接访问。

（2）保护账号密码。在任何情况下，不要将账号、密码

商家网上银行的安全须知与防范措施

告诉别人，为网上银行设置专门的密码，区别于自己在其他场合中使用的用户名和密码。

（3）注意计算机安全。下载并安装由银行提供的用于保护客户端安全的控件，定期下载和安装最新的操作系统与浏览器安全程序或补丁，安装杀毒软件及防火墙并定期对电脑进行病毒检测。只有这样，才能保障使用网上银行的安全环境。

一旦发生被盗事件，也不必惊慌，如果是网上银行账户被盗，首先应该通知银行将有关账户冻结，并将之前的有关交易记录打印之后交给公安机关进行调查。如果是在第三方支付中受骗，也应该注意保存相关证据，必要时请求第三方平台或者律师出面进行维权。

7．预防网银受骗的基本措施

（1）拒绝假网银。假网银是比较常见的欺诈手段，不法分子通常注册一个与官方网站很相似的地址，然后通过电子邮件或网站链接的方法引诱客户上当。例如，工商银行的网站官方网址是 www.icbc.com.cn，而不法分子却注册一个 www.lcbc.com.cn 的网站，不仔细看很难发现有什么区别！如果再看网站的页面，俨然就是工商银行的网站，但如果在这个假网站上输入你的卡号和密码，就上当了。还有一个犯罪分子以××银行客服部门的名义发送电子邮件，谎称银行网银系统升级等内容，要求客户将资金转入××账号等，这也是陷阱！总而言之，防范假网银的方法很简单，只要做到以下要求即可：通过"百度""360搜索"等大型搜索引擎搜索出你使用的网银官方网址，把这些网址加入收藏夹，以后登录网银时只使用收藏夹内的地址，其他地址一律不予相信或使用！

（2）账户和密码的设置与保密。

①关于账户的保密。通常我们对账户的保密性要求很低。如果和他人有资金往来，经常会遇到别人（包括熟人和陌生人）把钱转给你的情况，账户的保密根本就是不可能的事情。当然如果你纯粹是私人使用，与他人没有资金往来的话，保持个人银行账号的私密性，便为你的资金安全提供了第一道屏障。当然，有部分网银在登录时使用的并非银行卡号，而是客户号（农行）或者昵称（浦发、交行），在这种情况下，你应当保证这些信息的安全性。

②关于密码的设置与保密。密码是我们最核心的安全屏障，如果你的密码泄露了，再查到你的银行卡号，即使不攻破网银的安全防范系统，也完全可以克隆一张银行卡。因此，任何时候都不要向任何人透露你的银行密码！在密码的设置上，网银通常允许设置不同于银行卡取款的密码，不仅可以设成数字，也可以设成字母。从安全角度考虑，推荐将网银密码设置成"字母＋数字"的形式，如果记忆力超强，并不嫌麻烦的话，可以考虑每月更换一次密码。

（3）使用安全的计算机上网。使用网银的计算机应当保证是专人使用的，没有其他人使用，如家中的台式电脑，或者个人的笔记本电脑。以下几种情况应当尽量避免。

①使用网吧中的电脑。

②使用办公室中共用或者公用的电脑。

③通过不可信任的代理上网。

（4）正确退出网银。有很多朋友无论使用 E-mail，还是使用网银，总是习惯于简单地关闭浏览器，而不是正常退出登录,这是不安全的。在使用网银后要正常退出。

(5)不要使用 IE 自动记忆功能。IE 有自动记录输入内容的功能,这在带来便利的同时也带来了安全隐患,要禁止这项功能。

(6)操作系统安全补丁更新。Windows 系统是一个复杂的系统,有漏洞在所难免,但重要的是当有补丁发布时要及时更新补丁。建议开启 Windows 系统自带的 update 功能,它会自动在线保持你的系统下载并安装最新的补丁,有助于堵住安全漏洞。

(7)使用最新版本的网银。新版本往往意味着功能的增强和安全性的提高,使用最新版本是一种好习惯。

Part 2　商家网上银行安全使用技巧

1. 安装网上银行插件及安全助手

为了保障用户正常、安全地使用网上银行服务,银行都为用户提供了安全插件及安全助手等安全防护软件。下面以工商银行为例介绍安全插件及安全助手的安装使用。

(1)U 盾的安装与使用。

①安装工商银行安全控件,第一次登录时会有提示信息,确认自己的预留信息正确后按照提示下载安装即可。

②安装 U 盾驱动程序,此时不需要将 U 盾插入 USB 接口。驱动程序可以从光盘或者网上银行的 U 盾管理中下载,下载时需要注意自己的品牌型号,按照提示安装即可(同时防火墙会提示有新的启动项加载,请允许通过,否则 U 盾将不能正常使用)。

③安装工行网银证书管理软件，可以从光盘或网站安装，可以管理下载U盾证书和证书升级（网站的U盾管理可以实现同样的功能）。

④插入U盾，最好不要使用前置USB接口，第一次会提示发现新硬件，重启计算机，正确安装后就不再提示了。

⑤用U盾管理软件或到网上银行U盾管理查看U盾证书信息，确认U盾在有效期内。至此U盾安装完毕。

登录个人网上银行之后，如需办理转账、汇款、缴费等对外支付业务，只要按系统提示将U盾插入电脑的USB接口，输入U盾密码，并经银行系统验证无误，即可完成支付业务。

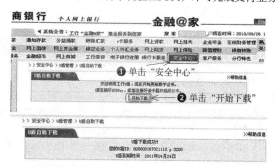

（2）网银安全助手的安装与使用。

工行网银安全助手的安装可以选择集成化安装方式，一次完成所有控件、驱动程序的安装。

①下载"工行网银助手"，该软件会引导你完成整个证书驱动、控件及系统补丁的安装。但是Safari浏览器暂时不支持网银助手和小e安全软件。

商家网上银行安全使用技巧 Part 2

②运行"工行网银助手",启动安装向导,你只需要根据提示步骤完成相关软件的下载。

③下载客户端证书信息:登录网上银行→安全中心→U盾管理→U盾自助下载→开始下载→设置证书密码→下载,即可完成客户端证书的下载。

至此,工行网银安全助手已经安装成功,并成功完成网银的系统设置。

2. 网上银行支付安全口令、密码等设置

网上银行的使用安全最关键的就是密码。而你要清楚地知道网上银行有"登录密码"和"交易密码"两种类型,这两种类型密码必须同时使用才能通过网上银行完成交易。

登录密码,即你在网上银行网站登录时使用的密码,登录成功后你可以进行查询等业务。交易密码,即你银行卡的"取款密码",在转账等交易操作的时候必须要使用正确的交易密码。为保障网上银行账户安全,你需要每隔一段时间修改一次网银账户密码,下面介绍建设银行网上银行密码修改的方法:登录网银→安全中心→修改密码→选择修改密码类型(登录密码或交易密码)→输入原密码→输入新密码(输入2次,2次输入必须相同)→确认。

商家网上银行安全使用技巧

☞【小提示】密码设置规则

①登录密码和交易密码不能是相同的数字或字母,如000000、111111、aaaaaa、bbbbbb等。

②登录密码和交易密码不能为连续升降排列的数字或字母,如123456、987654、abcdef、fedcba等。

③登录密码和交易密码为计算机键盘排列规律的字母,如asdfgh、qwerty、zxcvbn等。

④登录密码和交易密码不能为银行账号、身份证号、电话号码、手机号的末几位。

⑤登录密码和交易密码不能为生日,包括年、月、日在内的6位或8位数字。

3. 通过网上银行同行转账的方法

网上银行转账快捷,越来越受到大家的青睐,网上银行转账时需要使用U盾进行保护,这样比较安全,最重要的是核对好对方的账号和姓名。如果是同一银行之间转账,不需手续费,向其他银行转账需要支付一定的手续费。下面以中国建设银行为例介绍具体方法。

(1)开通网上银行后,设置网上银行登录密码和U盾支付密码,并在网上转账前激活。登录网上银行,输入银行卡号、登录密码、验证码,然后下载安全组件、U盾驱动程序,完成激活后就能正常使用U盾进行转账。

（2）选择"转账汇款"选项卡后再选择"活期转账汇款"功能。

（3）选择"付款账户"和"付款子账户"。要确定好付款的账号，在账号下面可以查询账户的余额，以免余额不足无法转账。子账户是你的卡或存折开立的活期或定期账户，如果想转出定期子账户，要单击进行设置。

（4）仔细填写收款人信息，包括收款人姓名和收款账号，一定要多核对几遍，不能出错。

商家网上银行安全使用技巧

（5）填写转账金额和相关信息。接着要填写转账的金额，一般最低是 5 元，上限要查看每个银行的规定。金额直接输入阿拉伯数字即可，如果想让对方接收短信，在"向收款人发短信"后面打上"√"并填写收款人的手机号。然后单击"下一步"按钮。

（6）再次确认一遍付款人和收款人的具体信息，包括银行账号、付款人和收款人姓名、转账金额，确认无误后输入附加码后，单击"确定"按钮。

(7)插入网银盾并输入网银盾支付密码,然后选择正确数字证书,单击"确定"按钮,即成功完成了转账。

4. 通过网上银行跨行转账的方法

(1)登录网上银行后,选择"转账汇款"功能,在弹出的功能界面中选择"跨行转账",在弹出的二级菜单中选择"建行转他行"选项进入建行网银跨行转账功能。

(2)和同行转账一样,输入付款账户、收款人姓名和账户,一定要核对仔细。

建事转账的流程：▶ 1.选择付款账户 ▶ 2.填写收款账户信息 ▶ 3.填写转账金额信息 ▶ 4.确认转账汇款信息

第一步：请选择付款账户

付款账号：　4000132*****2222 工资卡 签约　∨　＊　　置询余额

第二步：请填写收款账户信息

收款人姓名：　李立　　　　　　　　　＊　✓收款人名册　　　▶ 您即可以直接输入收款人姓名，也可以点击"收款人名册"选项收款账户

收款人账号：　2872 0701 0904 8060　　　＊　　　　　　　　▶ 为了方便您核对账号，我们因您输入的账号每四位数字后添加一个空格的特殊处理

（3）跨行转账不同于同行转账的一点是要仔细填写收款账号所属行别、账户开户行所在地区（市、区等）及收款账户开户网点。

请选择收款账户开户行

收款账户所属行别：　中国光大银行　∨　＊
按地区查找收款账户开户行：　广东省　　　省(市、区)　肇庆　∨　市　　　▶ 您可以按地区查找开户行，也可以按"关键字"查找。
收款账户开户网点：　中国银行肇庆市景福支行　∨　＊

（4）接下来的程序和同行转账一样了，填写转账金额，确定信息后插入网银盾，输入支付密码即可。只是在最终转账时要支付同城每笔2元，异地5‰（25元封顶）的手续费。

5. 网上银行交易明细查询

在你发现或者感觉自己银行账户资金交易有异常的时候，首先要做的就是查询自己账户的交易明细来排查问题。以建设银行网上银行为例说明如何查询账户交易明细。

（1）登录网上银行账户，选择"我的账户"，单击"账户查询"进入账户交易查询页面。

（2）账户查询界面会列出你所有的网上银行账户，在需要查询的账户的"操作"列单击"明细"按钮即可进入明细查询。

（3）在交易明细查询界面选择你要查询交易产生的时间段后单击"确定"按钮即可看到该时间段内你的账户交易明细，如果发现异常请立即联系银行或者公安机关处理。

商家网上银行安全使用技巧 Part 2

6. 如何开通手机银行功能

在移动终端（手机）普及和移动互联网技术愈加成熟的情况下，各个银行也提供了手机银行服务，满足了人们即需即用的需求。手机银行的开通类似于网上银行开通，但操作更为简单，只需要办理银行业务的身份证及一部可以上网的智能手机即可。下面以建设银行为例说明如何开通手机银行。

（1）手机浏览器中输入建行手机银行地址（wap.ccb.com），进入建行手机银行WAP版本。

（2）在手机银行界面中点击"开通向导"后，再点击"接受"链接，即可进入手机银行开通流程。

（3）选择"证件类型"并填写证件号码（注意：这里的证件类型和证件号码必须跟你办理银行账户时候的一致）后点击"下一步"链接。

证件类型：3.户口本 ∨
证件号码：
35434323243423243423

下一步 | 上一步

（4）输入银行账户号码和密码后，再输入登录密码（注意：这个密码是用来登录手机银行的密码），最后点击"确定"链接即可成功开通手机银行服务。目前，所有银行的手机银行服务都是免费提供的。

7. 手机银行安全交易的防范与措施

手机银行使用虽然方便，但是手机比较容易丢失，安全问题也成了大家关注的热点。下面和大家分享一下如何规避这些风险，尽可能地把风险降到最低。

（1）检查银行卡是不是都带有芯片。芯片卡的安全性相对较高，可以降低被盗刷的风险。

（2）将银行卡进行分类。如果有很多张银行卡的话，可以考虑按储蓄卡（母卡）、工资卡、养老卡、基金卡、股票卡等来分类。每个月从工资卡中取出钱，充值在母卡上。由母卡统一分配给各个分卡。如果出现账号被破解的情况，丢掉的也只是这张卡上的钱。母卡作为总账户是不受影响的。

（3）为母卡开通手机转账功能。市面上有些银行卡手机银行转账无手续费，这种卡可以作为首选。另外，也可以在银行开通超级网银的功能，这样可以将所有卡都集结在一张母卡上。互相转账都是无手续费。

（4）为银行卡开通短信提醒功能。转账理财时都会有短信提醒出入账情况，这样安全有保障。

（5）在正规平台下载银行APP软件。在手机上登录网上银行之后，一定要记得不设置自动登录。

（6）设置手机屏保锁定。手机屏保加锁还是很重要的，等于降低了被盗刷的风险。虽然用起来你可能会觉得麻烦，但安全还是要放在第一位的。

（7）手机内加装安全软件。现在有一些安全软件有一个功能，就是当你购物的电商网站需要付款，输入手机号码后收到验证短信时，它会帮你开通一个绿色通道。这样相当于多了一道防火墙，提高了安全性能。

（8）定期银行查账，查看近期银行交易情况。经常定期检查，如果存在安全问题也能及时发现，及时处理。

8. 如何使用手机银行进行交易

学会了网上银行的交易操作,手机银行的操作也很简单,具体方法及安全技巧请参考网上银行部分,在这里就不再赘述。

手机银行相对于网络银行安全最重要的一点是:在使用手机银行时,尽量使用移动数据(2G、3G、4G)流量而不要使用Wi-Fi,特别是无法确认安全来源的Wi-Fi,以规避账户和密码被盗的风险。

Part 3 商家支付宝使用安全技巧

支付宝使用方便、操作简单、成本极低的特性,使其成为在线交易中广为使用的一个支付工具。使用者要更加注意支付宝的使用安全。

1. 支付宝登录密码/支付密码设置

(1)修改支付宝登录密码。

注册支付宝时,需要设置支付宝密码,也就是登录密码,登录密码作为支付宝账户安全的第一道防火墙,非常重要。为了保证支付安全,建议每隔一段时间更换一次登录密码。

①进入支付宝账户后进入"账户设置"页面,选择"安全设置"选项卡,单击"登录密码"选项后面的"重置"按钮。

商家支付宝使用安全技巧 Part 3

②可以选择手机或者邮箱验证,验证完成,进入"重置登录密码"页面,在"新的登录密码"和"确认新的登录密码"文本框中输入要设置的密码,单击"确认"按钮即可。

> ❶ 定期更换密码可以让你的账户更加安全。
> 请确保登录密码与支付密码不同!
> 建议密码采用字母和数字混合,并且不短于6位。如何设置安全密码?

账户名 ush***@yeah.net

当前登录密码 ●●●●●●●●●●● 忘记密码?

新登录密码 ●●●●●●●●●●●●●●●●●●
必须是6-20个英文字母、数字或符号,不能是纯数字

确认新登录密码 ●●●●●●●●●●●●●●●●●●

确定

（2）修改支付宝支付密码

支付密码是我们在支付的时候填写在"支付密码"框中的密码，这个密码比登录密码更重要。通过支付宝支付，不管是在淘宝购物，还是在其他平台购物、支付等，都需要用到支付密码。

如果要修改支付密码，可以进入支付宝账户后进入"账户设置"页面，选择"安全设置"选项卡，单击支付密码后面的"重置支付密码"按钮，然后根据需要进行设置即可。

修改支付密码

☞【小提示】支付宝密码设置注意事项

①登录密码本身要有足够的复杂度，最好是数字、字母、符号的组合。

②不要使用门牌号、电话号、生日等作为登录密码。

③登录密码不要与淘宝账户登录密码、支付宝支付密码一样。

④为了保证支付安全，建议每隔一段时间更换一次登录密码。

2. 修改支付宝密码保护问题

支付宝密码保护问题是对账户密码加强保护的一种安全措施,如果密码忘记或账户被盗需要修改密码,则需要先回答正确的密码保护问题才可以进行密码的修改。

(1)登录支付宝后单击"安全中心",在左侧菜单单击"修改密码保护问题"链接,进入密码保护问题修改页面。

(2)支付宝会根据账户及电脑环境的安全状况提供两种修改密码保护问题的方法,选择"通过回答安全保护问题+验证支付密码"方式。

（3）单击"立即修改"按钮后进入验证页面，填写安全问题的答案和支付密码，单击"下一步"按钮。

（4）等待系统验证答案和密码设置成功后，进入安全问题修改界面，重新选择3个问题及填入对应的答案后，单击"下一步"按钮，即可完成密码保护问题的修改。

商家支付宝使用安全技巧

3. 使用支付宝数字证书

数字证书是更高安全等级的账户保护措施,用来保证支付宝账户安全。申请了数字证书后,只有安装了数字证书的电脑上,才能使用支付宝账户支付。

申请数字证书,首先要求支付宝账户绑定手机。现在大多数人的支付宝账号就是手机号,可以手动绑定手机。

(1)安装支付宝数字证书,单击"安全设置"→"数字证书"选项后面的"安装"按钮,如下图所示。

(2)在打开的数字证书页面单击【申请数字证书】按钮,如下图所示。需要注意的是,绑定的手机要能够收到验证短信。

（3）在打开的"申请数字证书"页面输入你的身份证信息，这个要与注册绑定时认证过的身份证信息一致。选择数字证书使用地点并输入验证码后，单击"确定"按钮。

（4）输入手机收到的短信验证码，单击"确定"按钮后，即可开始安装数字证书。

4. 使用支付盾服务

支付宝的安全服务工具——支付盾，支付盾其实是把数字证书放在 U 盘里随身携带，更安全，能保证你在网上信息传递时的保密性、唯一性、真实性和完整性，时刻保护你的资金和账户安全。

（1）支付盾是需要向淘宝支付 58 元人民币购买的，在淘宝网搜索店铺关键词"支付盾"，即可进入支付盾官方店铺，然后完成在淘宝店铺购物一样的流程即可。

（2）购得支付盾后，在支付宝后台单击"安全中心"进入"安全管家"页面，找到"支付盾"项，单击"申请"链接即可激活支付盾。

☞【小提示】支付盾注意事项

①支付盾激活成功后，你的数字证书将自动取消。

②激活支付盾后,只有在插入支付盾的情况下,才能进行付款、确认收货、提现等涉及金额支出的操作。

5. 使用支付宝账户安全保险

支付宝为了彻底保护你的账户安全及减少你因账户安全问题而遭受的财产损失,特别提供了账户安全保险服务。你只需要每年花2元购买"账户安全保险"服务,即可享受损失金额的全额赔付,最高赔付金额达到100万元。

(1)登录支付宝后,单击"账户设置",再单击"安全设置"菜单,在右侧功能区找到"账户安全险"项,单击"查看"按钮,进入保险服务购买界面。

(2)单击"立即投保"按钮,支付完成即可享受"账户安全险"的保障服务。

6. 使用支付宝向一人付款

转账到支付宝账户有两种形式：向一人付款和向多人付款。下面讲述如何使用转账向一人付款到支付宝账户。

(1) 登录支付宝账户，单击"应用中心"找到"转账收款"功能区，将鼠标指针放到"转账到支付宝"菜单上，在弹出的菜单中单击"我要使用"按钮，进入转账功能界面。

（2）输入收款人支付宝账户、收款人姓名（勾选校验收款人姓名后才需要输入）、付款理由、付款金额，单击"下一步"按钮。

（3）确认付款信息，选择付款方式："电脑付款"或"手机付款"，系统默认选择"手机付款"方式。

☞【小提示】如何选择正确的付款方式

① "电脑付款"金额在超过月免服务金额范围后,会收取服务费。

② "手机付款"不会被收取服务费。

③ "手机付款",有"验证码"付款方式和"支付宝钱包"付款两种方式。

综上所述,"手机付款"方便快捷且无服务费,你应该首选使用"手机付款"方式。

7. 使用支付宝向多人付款

(1)登录支付宝账户,单击"应用中心"找到"转账收款"功能区,将鼠标放到"转账到支付宝"菜单上,在弹出菜单中单击"我要使用"按钮,进入转账功能界面。

(2)单击"收款人"后面的"向多人付款"按钮进入"向多人付款"设置页面。

(3)输入收款人支付宝账户、收款人姓名(勾选校验收款人姓名后才需要输入)、付款说明、付款金额,单击"下一步"按钮。

(4)后面支付的方法和"向一人付款"并无差别,此处不再赘述。

8. 使用支付宝转账到银行卡

（1）登录支付宝账户，单击"应用中心"找到"转账收款"功能区，将鼠标指针放到"转账到银行卡"菜单上，在弹出菜单中单击"我要使用"按钮，进入转账功能界面。

（2）填写转账信息，注意"到账时间"的选择，如果不是特别着急，请尽量选择免服务费的转账方式。填写完成后单击"下一步"按钮。

（3）再次确认转账信息页面，单击"确认信息并付款"按钮，支付后即完成"向银行卡转账"的操作。

9. 使用网上银行给支付宝充值

（1）充值前的准备工作。

充值前，你需要准备一张支付宝支持的银行卡，并且所持有的银行卡开通了网上银行功能（这个功能只能去所在银行进行办理）。

（2）网上银行充值过程如下。

①登录支付宝后，单击"充值"按钮开始进行充值。

②选择"充值到余额"按钮,选择"储蓄卡"选项卡下的"网上银行",然后进行银行的选择,以农业银行为例(注意充值只能用储蓄卡,信用卡不支持)。

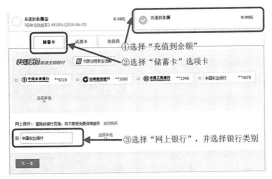

③单击"下一步"按钮,进行充值金额的填写和确认。单击"登录到网上银行充值"按钮,跳转到该银行的网上银行,完成网上银行的操作,即可充值成功,充值完成后可以立即在"我的充值"里面查看。

10. 使用快捷支付给支付宝充值

快捷支付是银行和支付宝开展的一个服务,不需要烦琐的输入密码、账号,只需要输入支付密码即可进行支付,与网上银行相比,更加快捷,但是充值前需要开启银行卡的快捷支付功能。

(1)登录支付宝后,单击"充值"按钮开始进行充值。这一步与使用网上银行充值的方法一样。

(2)选择充值方式,这里选择快捷支付,即可看到开通了快捷支付功能的银行卡,选择你要充值的银行卡,然后单击"下一步"按钮。

(3)输入充值金额和支付宝支付密码,单击"确认充值"按钮即可完成充值。

11. 利用支付宝给信用卡还款

信用卡还款是支付宝公司推出的在线还信用卡服务,你可以使用支付宝账户的可用余额、快捷支付(含卡通)或网上银行,轻松实现跨行、跨地区地为自己或他人的信用卡还款,支付宝信用卡还款操作如下。

(1)登录支付宝账户,单击"应用中心"找到"生活便民"功能区,将鼠标指针放到"信用卡还款"菜单上,在弹出菜单中单击"我要使用"按钮,进入转账功能界面。

(2)单击"立即还款"按钮。

(3)填写还款信息,单击选中"我已阅读并同意《支付宝还款协议》"复选框,然后单击"提交还款申请"按钮,即可完成信用卡的还款。

信用卡还款　　还款首页　申请还款　信用卡管理　帐单查询　代扣管理　还款记录

发卡银行： - 请选择银行 -

信用卡卡号：

持卡人姓名　　　　 为他人还款

还款金额　　　　元

还款提醒　每月20日　查看提醒方式

提交还款申请　☑ 我已阅读并同意《支付宝还款协议》

不支持外币账单还款

12. 店铺红包营销安全技巧

对于淘宝商家,除支付宝直接资金交易的使用上应注意安全外,还要对于营销活动中支付宝使用安全提高警惕。尤其店铺营销活动中的"店铺红包"功能使用需要注意安全。

(1)登录淘宝网,进入"卖家中心",在左侧菜单中找到"店铺管理"下的二级菜单"店铺装修",单击"店铺装修"按钮,进入店铺装修功能页面后,单击"营销"按钮。

(2)在左侧菜单中点击"创建活动"按钮,进入活动选择界面。

（3）在"店铺红包""收藏后送红包""购后送红包"3种红包形式中，任意选择一种红包形式（注意：①3种红包的区别属于营销的范畴，在这里不做讨论；②这里有PC活动和手淘活动两种，因手淘活动不涉及支付安全，这里也不做讨论），单击进入红包设置。

填写活动名称、红包面值、红包发行量、活动时间等完整的活动信息后，单击"下一步"按钮进入红包活动投放渠道设置。

（4）直接勾选活动要发布的渠道，单击"保存"按钮后即可完成店铺红包活动的设置。

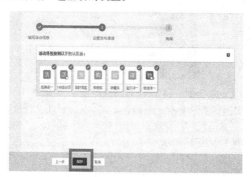

（5）店铺红包活动不会直接从支付宝账户中支出费用，用户领取后，产生交易订单后在结算环节直接扣除红包金额。

（6）店铺红包安全使用注意事项如下。

①店铺红包针对全店商品适用，设置的红包面值一定要小于店铺低价商品的售价。

②店铺红包的有效期要设置合理，避免亏损。

③如果你的店铺产品售价低、毛利低，请慎用店铺红包功能。

13. 支付宝代扣服务安全防护

支付宝代扣服务，是指支付宝根据你的授权，执行你委托的第三方网站/服务平台向支付宝发起的扣款指令，从而为你提供的支付服务。

商家支付宝使用安全技巧 Part 3

支付宝代扣服务都是发生在你与第三方的交易过程中，如游戏充值、团购服务、外卖服务、租车服务、理财服务等。因此在使用支付宝代扣服务的时候要特别注意第三方平台的安全。

（1）支付宝代扣服务的开通，都是在第三方网站 / 服务平台上进行的，支付宝不直接参与。

（2）支付宝在收到第三方网站 / 服务平台的扣款指令后，直接从用户的支付宝账户扣款支付。

（3）对于游戏一类的第三方平台，建议不要直接使用代扣服务，如有需要请你按照使用需求充值即可。

（4）支付宝代扣服务的解约大部分都在第三方平台进行，少数第三方平台支持在支付宝中直接解约。

①登录支付宝账户，进入"账户设置"，在左侧菜单中单击"应用授权和代扣"按钮，可查询到你已经签约代扣服务的第三方平台。

②在签约代扣服务的平台列表中，如果平台上有蓝色"解约"按钮，你可以直接单击蓝色"解约"按钮与第三方平台解约代扣服务。而灰色"解约"按钮表示只能与第三方平台联系解约。

14. 支付宝钱包安全设置

支付宝钱包是支付宝在移动设备（手机、平板电脑等）上为用户提供支付服务的 APP，能满足用户方便、快捷的使用需求。手机是易丢失物品，手机一旦丢失，支付宝账户的安全也难以保证。因此，在使用支付宝钱包服务的时候需要对支付宝钱包进行必要的安全设置。

（1）设置"手势解锁"功能。

①登录支付宝钱包，在底部菜单栏中点击"我的"菜单按钮，然后点击头像进入"我的信息"界面。

②点击"设置"按钮后，再点击"安全设置"按钮，进入"安全设置"页面。

③在"安全设置"界面点击"手势"按钮进入手势解锁设置。

④在上图中的九宫格内,用手指任意划出一条连续的线作为手势密码。

(2)设置"指纹解锁"功能（注：此功能安卓系统无）。

①进入"指纹解锁"功能的步骤请参照"手势解锁"功能设置的步骤①和步骤②。

②在"安全设置"界面点击"指纹"按钮，可打开"指纹解锁"及"指纹支付"功能。

(3)"手势解锁"和"指纹解锁"功能的区别。

①"手势解锁"功能，在登录支付宝钱包的时候不起作用，仅仅在涉及资金查询、交易功能的地方才起作用，其安全级别不高，对所有设备有效。

②"指纹解锁"功能，在登录支付宝钱包的时候，必须先进行指纹解锁才能进入钱包功能，其安全级别很高，但仅对有指纹识别功能的设备有效。

③"手势解锁"和"指纹解锁"功能不能同时起作用，只能二者选其一。

④如果你的设备支持指纹识别功能，请你一定设置指纹解锁功能；如果你的设备不支持指纹识别功能，请您一定设置手势解锁功能。

15. 支付宝钱包支付设置

(1)进入支付宝钱包的设置菜单，点击"支付设置"按钮。

(2)支付设置技巧。

目前支付宝钱包提供默认支付方式、小额免密支付、优先使用集分宝、红包支付 4 种支付设置方式。其中"可使用红包"即红包支付,是默认支持的,暂时不支持用户修改。

下面基于默认付款方式、小额免密支付和集分宝支付 3 种方式介绍支付宝钱包的支付设置技巧。

① "默认支付方式",因支付方式太多,在支付环节,可能出现你不知道资金是从什么渠道支付出去的情况,建议将"余额支付"设置为默认的支付方式。

② "小额免密支付",是指你可以设定每笔交易支付金额小于或等于一个数值(共有 200 元 / 笔、500 元 / 笔、800 元 / 笔、1000 元 / 笔、2000 元 / 笔 5 档)的时候不用输入支付密码而直接付款。建议关闭免密支付功能。

③ "优先使用集分宝",集分宝是支付宝的积分服务,集分宝可以在交易的时候直接抵扣现金(100 集分宝 =1 元现金),无论你有没有集分宝,请你一定打开该功能。

16. 支付宝钱包使用红包安全技巧

支付宝钱包目前已经发展成为一个类社交的支付工具,其中典型的就是"红包"功能。目前有两种类型的红包功能:个人红包、群红包。个人红包是直接发给支付宝好友的红包。群红包是指发送给任意多个或指定多个人的红包。

群红包在发送时可以选择"使用口令红包",该红包将会生成口令图片,支持分享至微信。

如果你发送的是"口令红包",并且你的口令很简单,如 38 节快乐,那么你的红包可能会被你的发送对象之外的人领走。

在红包的主界面中有一个"输入

口令领取红包"的功能,所有的支付宝钱包用户都可以在这里输入口令来领取红包。如果某个用户输入的口令刚好是"38节快乐",那么你的红包将被这个用户领走。

☞【小提示】支付宝红包安全建议

①如果你不是有实力的商家,建议你别发送口令红包。

②如果你想活跃支付宝群气氛,完全可以不用向微信分享。

③能不发群红包尽量别发群红包,避免误操作导致资金流失。

Part 4　商家微信支付使用安全技巧

众所周知,微信是国内最大的个人社交应用软件,其支付功能方便、安全、快捷,拥有大量的用户。作为商家来说,利用微信的社交属性进行社会化营销是必行之路,微信支付当然对商家很重要。

1. 如何注册及开通微信支付

(1)申请微信支付前,你必须先准备好一个认证通过的服务号。

(2)保证商户申请微信认证的主体与申请开通微信支付功能的主体保持一致。

(3)登录平台,在右侧菜单中点击"微信支付"菜单进入微信支付申请界面。

（4）单击"申请"按钮后，进入经营信息填写界面，填写完整的资料后，单击"保存并下一步"按钮。

（5）进入商户信息填写界面，填写完整的商户信息后，单击"保存并下一步"按钮。

（6）进入结算信息填写界面，结算信息填写完成后，单击"保存并下一步"按钮，提交微信审核。

（7）审核通过后，微信支付会向你的银行账户转入一笔随机金额的确认金。收到确认金后，请进入微信公众平台的"微信支付"功能，单击"验证"按钮，输入确认金的金额，对账户完成验证。

（8）账户验证成功后，在线签署《微信支付服务协议》后，公众号的微信支付功能将成功开通。

2. 商家微信支付安全防护

微信支付功能成功开通后,需要进行一些安全配置,以保证微信支付账户的安全。

(1)安装微信支付安全插件。微信支付申请成功后首次登录商户平台,系统会提示下载安装插件。你只需下载并运行,然后刷新页面即可登录微信支付商户平台。

(2)安装操作证书。操作证书是你使用账户资金的身份凭证,只有在你安装了操作证书的电脑上(同一员工账号最多安装10台电脑设备),才能使用你的账户进行转账、提现等操作,以保障资金不被盗用。

①登录商户平台,在左侧菜单栏中找到"账户设置"菜单下的二级菜单"操作证书",单击"操作证书"菜单进入操作证书申请安装界面,单击"申请安装"按钮。

安装操作证书
操作证书的安装申请,系统会将短信验证码发送到商户账号绑定的手机,请联系您的微户管理员获取验证码   申请安装

②进入资料填写界面,这里需要通过注册微信支付的手机号进行验证,单击"发送验证码"按钮后,该手机将收到微信支付发出的验证码,将验证码填入"短信验证码"栏,填入图形验证码后单击"确定"按钮完成操作证书的安装。

商家微信支付使用安全技巧 Part 4

（3）设置 API 安全证书设置。API 安全证书是商户在使用第三方工具或者自己开发支付接口的时候需要用到的微信支付 API 的安全证书。

①登录商户平台，在左侧菜单栏中找到"账户设置"菜单下的二级菜单"API 安全"，单击"API 安全"菜单进入 API 安全申请安装界面。

②安装 API 安全证书前，必须先安装操作证书。操作证书验证成功，直接单击"安装 API 证书"按钮，下载并完成 API 安全证书的安装。

③如果您的证书泄露，可以通过"更改证书"来修改 API 证书，因为更改证书会影响线上交易，所以若非必要，建议不要随意修改 API 证书。

（4）设置 API 秘钥。API 秘钥是第三方工具使用微信支付接口服务的秘钥，系统不自动生成，需要商户自行设置。

①通过商户号、密码在商户平台进行登录。

②在左侧菜单栏中找到"账户设置"菜单下的二级菜单

"API 安全",自助设置 32 位 API 密钥即可(请事先将需设置的密钥用文档记录,设置成功后不支持查看)。

③点击"设置秘钥"按钮,输入之前准备好的 32 位 API 秘钥,保存后即可完成 API 秘钥设置。

设置API密钥

API密钥属于敏感信息,请妥善保管不要泄露,如果怀疑信息泄露,请重设密钥。

设置密钥

3. 商家微信支付业务审核配置

商户平台针对部分敏感业务,提供审核流程的管理能力。你可以通过启用流程,对退款、企业红包等敏感操作进行管控。如果你启用了审核流程的业务,相关操作员提交申请后,需经过审核人员审核,当全部审核流程通过后系统才自动执行操作。

(1)登录商户平台,在左侧菜单栏中找到"审核管理"菜单下的二级菜单"审核配置",单击"审核配置"菜单进入业务流程审核配置界面。

名称	说明	审核人员	状态	启用时间	停用时间	操作
退款审核	配置后,员工在申请退款中提交的退款请求,需经过审核确认才生效	Administrator(1289746401@1289746...	未配置			查看配置
批量退款审核	配置后,商户提交批量退款申请,需经审核	Administrator(1289746401@1289746...	未配置			查看配置
现金红包发放审核	上传openid文件后,需要经过审核确认才开始进行红包发放	Administrator(1289746401@1289746...	未配置			查看配置
充值退款审核	配置后,商户发起充值退款申请,需经过审核确认才生效	Administrator(1289746401@1289746...	未配置			查看配置
批次信息修改审核	配置后,商户提交批次信息修改申请,需经过审核确认才生效	Administrator(1289746401@1289746...	未配置			查看配置

(2)找到要"退款审核"流程,单击右侧"配置"链接,

进入该流程的审核配置界面。

（3）单击"添加审核步骤"链接，开始流程审核配置。

（4）填写配置信息，这里根据你的具体业务及管理需要进行填写即可。

(5)配置完成后单击"提交"按钮,即可完成流程审核配置。以后在微信支付中涉及"退款"的业务流程,都会按照审核配置方案执行。

4.商家微信支付红包安全使用技巧

微信支付的红包功能,是微信支付为商家提供的一个重要的营销工具。因微信支付红包是直接以现金红包的形式发放,所以使用红包功能必须注意安全。

(1)使用红包功能。

①登录微信支付商户后台,单击"营销活动"菜单,在左侧菜单栏单击"创建红包"按钮。

②微信支付红包有两种形式:随机金额红包和固定金额红包。随机金额红包,需要填入红包的最小金额和最大金额(随机红包最大金额 200 元,最小金额 1 元,并且最大金额和最小金额不能相等)。而固定金额红包只需要填入一个金额即可。填写完成,单击"下一步"按钮。

创建红包

| 选择红包类型 | 配置红包消息 |

红包类型　● 随机金额红包　○ 固定金额红包

最小金额 _____ 元

最大金额 _____ 元

下一步

③填写红包消息（包括活动名称、商户名称、备注信息、祝福语）后，单击"下一步"按钮，填写红包内信息（包括商户 LOGO、分享红包的文案、分享图片、分享链接）后，单击"下一步"按钮，完成红包的配置。

④红包是通过微信用户的 OPENID 来发放的，红包的发放一般不会用这种方式来完成，因为你很难获得用户的 OPENID。而是利用第三方工具对你的用户直接发放，具体使用方式需要联系第三方工具服务商来解决，在此不做讨论。

（2）安全使用微信红包的注意事项。

①电脑安装杀毒软件，避免木马病毒的入侵，保护支付账户安全。

②安装支付安全插件，保护账户密码及支付环境安全。

③配置"现金红包发放"业务审核规则，让红包的发放在一定的监管规则下进行，保障资金安全。

④随机金额红包的"最小金额"和"最大金额"都是针对单个红包的，而不是要发送红包的总金额。